创新型素质教育精品教材

演讲与口才

实用教程

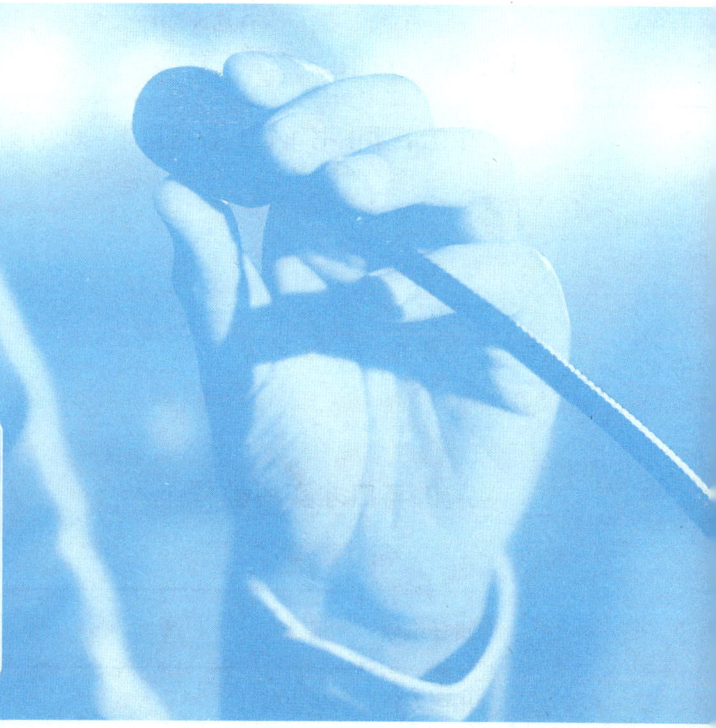

主审 杨开红
主编 马玉琴

教·学
资源

新华出版社

图书在版编目（CIP）数据

演讲与口才实用教程 / 马玉琴主编. -- 北京 : 新华出版社, 2022.12（2025.1 重印）
ISBN 978-7-5166-6677-7

Ⅰ. ①演… Ⅱ. ①马… Ⅲ. ①演讲－教材②口才学－教材 Ⅳ. ①H019

中国版本图书馆 CIP 数据核字(2022)第 248794 号

演讲与口才实用教程

主　　编：马玉琴

责任编辑：林郁郁　　**封面设计：**北京金企鹅

出版发行：新华出版社
地　　址：北京石景山区京原路 8 号　　**邮　　编：**100040
网　　址：http://www.xinhuapub.com
经　　销：新华书店、新华出版社天猫旗舰店、京东旗舰店及各大网店
购书热线：010-62111051　　**中国新闻书店购书热线：**010-63072012

照　　排：北京金企鹅
印　　刷：三河市悦鑫印务有限公司

成品尺寸：185 mm × 260 mm
印　　张：12　　**字　　数：**277 千字
版　　次：2022 年 12 月第一版　　**印　　次：**2025 年 1 月第二次印刷

书　　号：ISBN 978-7-5166-6677-7
定　　价：39.80 元

图书如有印装问题请与出版社联系调换：010-63073969

本书编委会

主　审　杨开红

主　编　马玉琴

副主编　王立强　闫建英

参　编　杨桂菊　朱文舫　王丽宏

李宏颖　田彩瑞　黄　怡

郑　敬　靳　丹　朱彦如

前言

PREFACE

口才既是人际交往的必备技能，也是建立事业、走向成功的基本保证和重要因素。随着社会的发展和时代的进步，口才在众多领域都呈现出不可或缺的地位与作用，如面试求职、竞聘演讲、产品推销、业务谈判、接待主持、技能培训等。

为满足当今社会对高素质人才的迫切需要，促进学生的全面发展，在长期的演讲与口才教学实践和理论研究的基础上，我们组织编写了这本《演讲与口才实用教程》。

本书将理论知识、情景模拟、技能训练相融合，力求让学生领会口才的魅力，掌握演讲的技巧，提高沟通表达能力，做到旨意明确、思路清晰、用语得体、仪态自然，并具备良好的心理素质与自信坚定的品格。

总体而言，本书主要具有以下几个方面的特色。

一、立德树人，素质为本

党的二十大报告指出：“育人的根本在于立德。”本书有机融入党的二十大精神，积极践行“立德树人”的理念，以提高学生的沟通表达能力为显性目标，以增强学生的综合素质为隐性目标，将社会主义核心价值观、以爱国主义为核心的民族精神、以改革创新为核心的时代精神等有机地融入正文内容与各个模块中，实现知识传授、能力培养与价值引领的有机统一，引导学生实现德智体美劳全面发展。

二、校企合作，协同育人

本书的编写在一线双师型教师和企业人才的指导与支持下进行，其内容的组织与体例设计充分考虑了课程标准的相关要求及从业要求，针对企业的用人需求，注重人才培养的实用性与实效性。

三、理念创新，活页教学

本书积极践行“以学生为主体，以教师为主导，以能力为根本”的活页式教育理念，坚持以应用为主，不仅传授学生理论知识，还着力突出技能的培养、职业道德和职业意识的塑造。在内容编排上，本书采取“理论知识+操作技能+实战演练”的结构框架，具有模块化、灵活性、重组性、可拆解性等特征，更有利于学生快速提高演讲与口才能力。

四、巧设模块，教学相宜

本书针对学生的实际情况，采用“项目—探索”的编写模式，精心设计了多个模块，以便增强正文内容的可读性，激发学生的学习兴趣。

首先，每个项目都设有“项目导读”“学习目标”“探索提高”“实战演练”“探索学习评价”和“探索学习笔记”模块。

- 项目导读：引出本项目的主旨，便于学生快速了解本项目将要学习的内容。
- 学习目标：列出学生应达成的各项学习指标，包括“素质目标”“知识目标”“能力目标”。
- 探索提高：旨在帮助学生进行知识自我检测。
- 实战演练：采用朗诵比赛、演讲比赛、情景模拟等多种形式，开展综合性探究活动，力求使学生在较为真实的学校、家庭、职场等情景中锻炼演讲与口才技能，操作性与趣味性并存。
- 探索学习评价：包括知识、能力、素质、活动四个评价维度，以使学生获得自身学习情况的反馈信息，进而有针对性地改进和提升。
- 探索学习笔记：包括探索学习要点与难点、已解决的问题及解决方法、待（未）解决的问题、探索学习体会与收获，便于学生及时记录相关笔记，调整学习方法，高效并快乐地学习。

其次，每个项目中编排了若干探索任务，每个探索任务均设置了“学习清单”“口才初探”“探索点拨”“探索学习”“小贴士”“口才互动吧”“口才训练营”“口才加油站”“口才知识窗”“话有引力”“视野纵横”等栏目，具有较强的趣味性、指导性和实用性。

- 学习清单：列明学生需要在课前预习的内容和搜集的资料、课中思考的问题和学习的重点、课堂实践练习的内容、课后复习的内容和需要完成的作业，使学生明确学习的各个维度目标，以便有的放矢地开展学习。
- 口才初探：通过具体的案例引出学习内容，并结合“探索与思考”“探索点拨”激发学生的学习兴趣，增强学生学习的目的性。
- 探索学习：用简练的语言详细讲述重要知识点，便于学生系统学习演讲与口才的相关知识。
- 小贴士：介绍一些和演讲与口才有关的实用小方法和小技巧，并对正文中出现的一些疑难问题或注意事项进行补充说明，起到提示、帮助和建议的作用。

- 口才互动吧：结合时事热点、素质教育等内容设置各种讨论活动，让学生发表个人看法并锻炼口才，活跃课堂气氛。
- 口才训练营：设置一些真实或仿真训练，让课堂“动”起来，在帮助学生掌握理论知识的同时，提高课堂训练的效率。
- 口才加油站：引用一些具体、生动、典型的案例，帮助学生更好地理解相关知识与技巧。
- 口才知识窗：对相关知识进行适当延伸，丰富师生的课堂体验，拓展学生的视野，激发学生的学习热情。
- 话有引力：引用国内外关于口才的名人名言，引发学生共鸣。
- 视野纵横：通过展示中华传统文化、中国经济发展和科技创新成果、工匠精神、革命精神等，培养学生自强不息的人生态度，使其提升综合素养，增强社会责任感。

五、资源丰富，平台支撑

本书配有丰富的数字资源。学生可以借助手机或其他移动设备扫描二维码获取相关视频，教师可登录文旌综合教育平台“文旌课堂”（www.wenjingketang.com）查看与下载本书配套资源，如“探索提高”答案、优质课件、教案等。

此外，本书还提供了在线题库，支持“教学作业，一键发布”。教师只需登录“文旌课堂”App扫描扉页二维码，即可迅速选题、一键发布作业、智能批改作业，并查看学生的作业分析报告，提高教学效率，提升教学体验。学生可在线完成作业，巩固所学知识，提高学习效率。

本书由杨开红担任主审，马玉琴担任主编，王立强、闫建英担任副主编，杨桂菊、朱文舫、王丽宏、李宏颖、田彩瑞、黄怡、郑敬、靳丹、朱彦如参与编写。具体分工如下：马玉琴负责本书的策划、方案的设计和审稿工作，以及项目二、项目三和项目五的内容编写；王立强负责项目四的内容编写；闫建英负责项目一的内容编写；杨桂菊负责全书口才训练题目的搜集与整理；其余参编合力负责全书实践活动的安排与设计。本书在编写过程中，参考了大量的资料并引用了部分文章和图片等。这些引用的资料大部分已获授权，但由于部分资料来自网络，我们未能确认出处，也暂时无法联系到原作者。对此，我们深表歉意，并欢迎原作者随时与我们联系，我们将按规定支付酬劳。其他没有注明资料来源的案例均为编者根据真实事件改编。

目录

CONTENTS

项目一

走进语言世界，领略口才魅力——演讲知识准备

项目导读

口才，即口头语言交际才能，不仅是人类有别于其他动物的一种主要标志，而且是人类繁衍生息、生存发展的一种重要手段。而演讲作为一种艺术化的语言交际形式，与口才有着密切的联系。本项目从口才与说话、交际、事业等的关系谈起，探索口才和演讲的基础知识，为顺利登台演讲做好准备。

学习目标

素质目标 SUZHI MUBIAO

（1）志愿成为拥有良好口才的人。

（2）具备正确认识问题、分析问题、解决问题的能力。

（3）争做有理想、有本领、有担当的时代新人。

知识目标 ZHISHI MUBIAO

（1）理解口才与说话、交际、事业的关系。

（2）掌握常见的口才训练方法及培养途径。

（3）熟悉演讲的要素、特点及分类。

（4）掌握演讲的基本要求。

能力目标 NENGLI MUBIAO

（1）能深刻认识口才与人们生活的密切关系。

（2）能选择适合自己的方法训练口才。

（3）能正确认识演讲，为登台演讲做好准备。

探索一 初识口才

学习清单

每完成一项学习任务，就在对应的方框中打一个钩。

课前预习	□	预习课本知识，了解口才的相关知识
	□	通过网络观看大学校长们在开学典礼或毕业典礼上的致辞，思考自己学习本课程的计划、目前的大学生活及毕业后的规划
	□	查阅相关文章、书籍或视频，认识口才的重要性，感受口才的魅力，增强学习的积极性
	□	上网查找常见的口才训练方法，并结合自身情况，分析哪种方法比较适合自己
课中学习	□	理解口才与人际交往、事业发展的关系
	□	掌握口才的训练方法及培养途径
实践练习	□	通过对正文中的案例进行分析，明白口才与将来参加工作、走向社会、获得成功的密切关系
	□	通过自我介绍、与同学互相交流、参加主题班会等训练，审视自己是否拥有良好的口才
	□	通过朗诵相关诗歌、故事、文章、演讲词等，选用适合自己的口才训练方法
课后复习	□	明白“功夫在课外”的道理，自觉养成课后复习的自觉性和主动性
	□	通过搜集自己感兴趣的文章，选用适合自己的口才训练方法，进行自我练习或协同练习
	□	结合自身情况，制订相应的口才训练计划，开展自我训练和互相监督训练，以提升自己的表达能力

口才初探

最好和最坏

《伊索寓言》里有这样一个故事：有一天，主人在家宴请多位哲学家，并吩咐伊索准备最好的菜肴待客。伊索认真思考了主人的要求后，搜集了很多种动物的舌头，精心准备了一场舌头宴。用餐时，待伊索将酒菜端上桌后，主人非常吃惊，问道：“这就是最好的菜？”伊索从容地答道：“主人让我为各位尊敬的客人准备最好的菜肴，而舌头是传授道理和学问的关键，一切动听、美妙的声音不都是靠舌头发出来的吗？对于哲学家来说，舌头难道不是最好的菜吗？”客人们听后觉得很有道理，都露出了赞许的笑容。主人见状便吩咐伊索说：“明天我还要再办一次酒宴，你去准备吧，这回的菜要最坏的。”

第二天的酒宴，依然是满桌舌头做成的菜。主人当即大发雷霆，斥问伊索为什么要这样做。伊索还是从容地答道：“舌头能编造一切谎言，世界上所有的坏事都是通过舌头去教唆他人做的。因此，舌头不仅是世界上最好的东西，也是世界上最坏的东西啊！”主人听后，虽然很生气，却无话反驳。

资料来源：个人图书馆，有改动

探索与思考

这个故事说明了什么道理？你认为口才重要吗？为什么？

探索点拨

这个故事说明了口才的重要性。语言是人与人进行思想情感交流的重要方式。好话如春风拂柳，让人觉得舒服、温暖，带给人信心和希望；坏话却如长枪大戟，让人如芒刺在背，恼羞成怒。在人际交往中，口才好的人往往能轻松地与他人进行交流，可以在最短的时间内让他人对自己产生好感；可以使意见相左的人放下分歧，达成一致，通力合作；可以使彼此怨恨的人放下心结，坦诚相待，化干戈为玉帛。

探索学习

一、口才的基础知识

口才，即说话的才能，是指在交流、演讲和辩论等口语交际活动中，说话者根据特定的交际目的和任务，结合特定的语言交际环境，运用准确、得体、生动、连贯、标准的有声语言，并辅以适当的体态来表情达意，以取得圆满交际效果的口头表达能力。它是一个人素养、能力和智慧的一种综合反映。在现代社会中，人与人之间的交流越来越频繁，口才的重要性也越来越突出。

口才互动吧

如何理解“时代召唤人才，人才需要口才”这句话？

（一）口才与说话

扫一扫

但丁“问”鱼

说话人人都会。尽管人们每天都在说话，但在人际交往中，如果说话的分寸、时机、言辞等把握得稍有不当，便会生出很多不必要的麻烦。而口才是说话的才能，与说话不同。才能有高有低，口才好的人能够条理清晰、逻辑规范，甚至巧妙有趣地表达自己的思想情感，更好地与他人沟通、交流。

（二）口才与交际

口才在人际交往中起着融洽感情、密切关系、增进友谊、促进协作的重要作用。和风细雨、善解人意的话语，可以使人倍感亲切，产生相见恨晚之感；诙谐幽默、生动形象的话语，可以使人心情愉悦、乐不可支；胸有成竹、直抒胸臆的话语，可以给人以精明干练、才智过人之感。

口才互动吧

谈谈自己心目中印象最深刻的一次交流活动，并结合自己的生活经验说一说口才在人际交往中的重要意义。

（三）口才与事业

在越来越注重“自我营销”的当代社会，口才已经成为影响一个人事业能否成功的重要因素之一。有人认为，只要有才干，即使没有口才，也可以成功，这自然有一定的道理。但是，既有才干又有口才的人，成功的希望会更大。因为有口才的人可以通过恰当的谈吐充分展示自己的才干，从而使对方快速了解并信任自己。

话有引力

说话和事业的进行有很大的关系。如果你出言不慎，如果你无理跟别人争吵。那么，你将无法获得别人的同情、合作与帮助。

——富兰克林

口才加油站

不同推销员的说话方式

当小玲和成熟稳重的新婚丈夫到商场买衣服时，一位店员介绍了一套西装给小玲，并说这套衣服很适合小玲的爸爸。小玲和丈夫听完后生气地离开了。随后，小玲和丈夫进了另一家店，并打算试穿一套西装。店员见状，连忙说：“你们眼光真好，这套西装是我们的新款，很衬这位先生。与你也很般配，就像男主角配女主角一样！”小玲听店员这么一说，瞬间乐开了花。

口才训练营

一、训练目标

通过对话训练，让学生了解口才在生活中的重要性。

二、训练内容

将学生每两人分成一组，分别扮演顾客、朋友、父母、同学、同事等，并自拟话题进行对话训练。

三、训练评价

（1）表达时，逻辑清晰，让听者明明白白、清清楚楚。

（2）善于从不同角度利用口才解决问题。

二、口才的训练方法

口才并不是一种天赋，它是靠后天的刻苦训练得来的。正如数学家华罗庚在总结训练口才的体会时说：“勤能补拙是良训，一分辛苦一分才。”口才训练不仅要有刻苦的精神，还要掌握一定的科学方法。虽然每个人的学识、环境、年龄等存在不同，但只要选择适合自己的方法，加上持之以恒的刻苦训练，一定会在通向演讲家的道路上迅速成长起来。

（一）读书法

读书是指获取他人已预备好的符号、文字并加以辨认、理解、分析的过程，有时还伴随着朗读、鉴赏、记忆等行为。读书是训练口才的基本方法之一，一般包括默读、慢读和快读。

1. 默读

默读即不出声地读。在默读过程中，说话者要一边读一边思考。例如，这篇文章的主题是什么，讲的是什么意思；采用了什么结构，开头是怎样的，结尾是怎样的，中间是怎样过渡的，照应是怎样安排的；材料是怎样组织的；等等。只有通过充分的思考，说话者才能真正领会文章的神韵，学会怎么抓住主题、选用材料、安排语言。

2. 慢读

慢读时速度不要太快，说话者需要注意哪些地方应当快、哪些地方应当慢，哪些地方声音应该高、哪些地方声音应该低，哪些地方应该停顿的时间长、哪些地方应该停顿的时间短。同时，说话者还要充满感情地朗读，使整个声音抑扬顿挫。

3. 快读

快读是在慢读的基础上，一次比一次读得快，最后达到说话者的最快速度。快读必须建立在吐字清楚、发音准确、干净利落的基础上，做到快而不乱，且没有含混不清的地方。

口才训练营

一、训练目标

通过朗读文章，使学生认识自己在表达中存在的问题，并找到解决的途径和方法。

二、训练内容

学生自行选择一段自己喜欢的文章，当众大声、流畅、有感情地朗读三次，要求一次比一次快，一次比一次声音洪亮。

三、训练评价

（1）声音洪亮，发音清晰，表达清楚。

（2）第二次、第三次表达速度明显快于前一次，表达质量有所提高。

（二）背诵法

背诵由“背”和“诵”两部分组成，不仅可以培养说话者的记忆能力，还可以培养说话者的口头表达能力。其中，记忆能力是训练口才的一项必不可少的要求。

背诵法要求说话者能够准确无误地背出文章，且没有遗漏或错误。此外，在背诵时，说话者还要准确地表达作品的思想感情，保证吐字、发音准确无误。

口才训练营

一、训练目标

通过背诵比赛，培养学生的记忆能力及临场应变能力。

二、训练内容

教师提前选择并布置好背诵篇目（选题不限，诗歌、散文、文言文均可），以学生个人为单位，在班级举行背诵比赛。

三、训练评价

（1）声音洪亮且清晰，背诵内容准确无误，不多字少字。

（2）在背诵过程中遇到突然忘词的情况时，能迅速调整好状态，继续背诵。

（三）讲故事法

讲故事就是把看到的、听到的或自己编的故事，用口语绘声绘色地讲给别人听。常言道：“看花容易，绣花难。”讲故事看起来容易，但并不是人人都会讲、都能讲、讲得好的。

讲故事不仅是一种才能，也是训练口才的重要方法，能够有效提高说话者的口语表达能力。一般情况下，讲故事训练由易到难可分为以下五个步骤。

（1）大声朗读故事。大声朗读故事不仅可以使说话者集中注意力，有利于其记忆想要记住的故事，也能够让说话者产生自信、消除紧张，还可以提高说话者对故事的理解能力和语言表达能力。

（2）讲简短的小故事、小笑话、小段子等。

（3）讲长的故事。由于长的故事一般比较难记，说话者可以先记住故事的大概内容，然后再用自己的语言表达出来。

（4）讲自己亲身经历、亲眼所见的事情。

（5）编故事。讲故事并不是机械地背稿，它要求说话者根据实际情况对所选内容或结构进行改编，甚至“无中生有”，在“原作”的基础上重新再创作。

（四）模仿法

扫一扫

通过模仿学习普通话

每个人从小就会模仿，如模仿大人做事、模仿大人说话等。模仿的过程就是学习的过程。训练口才也可以利用模仿法，如模仿播音员的声音、语调、神态、动作等。这种方法简单易行，不但能提高说话者的口语表达能力，还能增加说话者的词汇量。

但是，说话者不仅要选择适合自己的对象进行模仿，还要选择有利于自己身心发展的语言和动作进行模仿。同时，说话者在模仿中还要有所创造，最终形成自己的风格。

口才训练营

一、训练目标

通过模仿秀，提高学生的口语表达能力。

二、训练内容

（1）模仿一段《新闻联播》的播报。

（2）模仿一段名人的演讲或讲话。

三、训练评价

（1）模仿时，动作协调、神态自然、语调优美。

（2）能吸引观众的注意力并有创新。

（五）聊天法

若想提高口才，最简便且有效的方法就是和别人聊天。在聊天过程中，说话者既不能害羞，也不能沉默寡言，而要大胆提出自己的想法，慢慢在讨论中锻炼自己的口才。

口才互动吧

除了上述几种常用的口才训练方法外，你还尝试过哪些训练口才的好方法？

三、口才的培养途径

“能说话”是形成口才的一个基本条件，而“会说话”是口才的突出特征。有人将口才的形成比喻成一座“金字塔”，其中，塔基是知识积累，塔身是素质修养，塔顶是各种能力。只有这三个方面相互配合，说话者才能做到掷地有声、字字珠玑、铿锵有力、一字千金。

（一）勤奋学习，积累知识

知识是人们在社会实践活动中所获得的认识与经验的总和，是口才形成的必备条件。丰富的知识能使人思想充实，视野开阔，思维活跃且敏捷，表达富于条理性和趣味性。

（1）掌握现代汉语知识。语法、修辞和逻辑等知识，是体现口才的核心内容。在人际交往中，说话者要根据不同的表达需要，选择恰当的词语，运用合适的句式和修辞，提高口语表达的准确性、生动性和严密性。

（2）了解态势语言要求。表情、神态、动作、手势等态势语言，是口才不可缺少的要素。说话者要根据表达需要，运用恰当的态势语言，以更好地展现自己的精神风貌和个性特征。

（3）具有社会常识储备。除了专业知识外，良好的口才还要求说话者必须具有更加宽泛的社会常识储备。只有两者兼具，说话者才能在人际交往中得心应手。社会经验、生活常识、天文地理、乡土人情、风俗习惯、名人名言、成语典故、名篇佳作、轶闻趣事等，都可以丰富口语表达的内容，使说话者的言谈更具魅力，取得理想的交际效果。

口才互动吧

说一说自己在平时生活和学习中建立了哪些个人语料库，如感人励志、惜时勤奋、青春责任、理想奋斗等。

（4）熟知人际交往规律。口语交际的对象是人，说话者应了解诸如心理学、行为学、教育学、人际关系等方面的知识，懂得不同人的情感、气质、性格等心理特征，掌握人际交往的基本规律，从而有针对性地开展语言交际活动。

知识主要是通过不断学习积累而成的，说话者不仅要利用闲暇时间系统地读书，打下牢固的知识基础，还要向社会和生活学习，丰富自己的阅历。只有这样，说话者的知识宝库才会越来越丰富，视野和胸襟才会越来越开阔。

（二）志存高远，修身养德

1. 树立崇高的理想信念

当今时代，一个人要实现自己的理想，必须树立明确的人生目标。但无论树立什么样的人生目标，都必须同祖国和人民的命运联系在一起，“以天下为己任”，将崇高的理想化为具体的行动。

2. 培养高尚的道德情操

道德是依靠社会舆论、传统习俗、内心信念和典范教育的力量来调整人与人之间，以及个人与社会之间关系的行为规范的总和。对于说话者来说，只有具备热情真挚、认真踏实、与人为善、严以律己、先人后己、宽以待人、坚忍顽强、虚心好学等优秀品质，才能取得人际交往的成功，才能为口才发挥奠定良好的基础。

3. 具备优良的心理素质

优良的心理素质主要表现为热烈的情感、谦和稳重的性格和坚毅的意志。有了热烈的情感，就会激励自己努力开拓未来，朝着自己的理想永不懈怠地奋力拼搏；有了谦和稳重的性格，遇事就会不急不躁，能够冷静客观地分析问题，从而产生人格魅力；有了坚毅的意志，就会百折不挠、锲而不舍，最终实现自己的目标，领略成功的精彩。

4. 养成良好的仪表风度

仪表是一个人外在的综合特征，包括容貌、姿态、发型等；风度则体现为一个人的气质、品位、文化素养等。良好的仪表风度会为语言增添魅力。例如，自然潇洒的举止，使人觉得轻盈舒畅；稳重大方的姿态，显得真实可靠；风趣含蓄的言谈，显得机灵巧智、平易近人。

扫一扫

良好的仪表风度

口才训练营

一、训练目标

通过模拟主题班会，培养学生乐于表达、善于表达的心态。

二、训练内容

假如你是“珍惜自己的存在价值”主题班会的主持人，请为这次活动设计 3 个不同的开场白，并在全班同学面前进行表达。

三、训练评价

（1）能牢牢把握活动主题，引导全班同学了解班会的目的、意义及内容。

（2）当众表达既摒弃日常口语的随意性、冗长性等缺陷，保留口语的通俗性、简洁性、生动性和灵活性，又兼具书面语的规范性、集中性、有序性。

（三）勇于实践，提高能力

1．提高严密的思维能力

思维是人脑对客观事物一般性和规律性的一种概括的、间接的反映过程，是在表象、概念的基础上进行分析、综合、判断、推理等认识活动的过程。口语表达实质上是将思维过程的结果用语言形式表述出来。

思维能力的高低对口语表达的优劣、成败往往起决定作用。其中，思维的选择性和创造性制约着语言活动，思维的内容决定着语言表达的意义，思维的质量决定着语言表达的效果。因此，每一位立志掌握口才艺术的人都必须对各种思维能力认真研究，自觉培养和锻炼自己的思维能力，不断提升口语表达水平。

2．锻炼稳定的承受能力

承受能力是个体对逆境引起的心理压力和负面情绪的承受与调节能力。即便是拥有良好口才的说话者，也不能保证每次表达都会取得成功。因此，在平时生活和学习中，说话者要有意识地锻炼自己的承受能力，失败后不要灰心，不要气馁，及时总结经验，分析原因，进而不断改进，直至获得成功。

3．培养准确的领悟能力

在人际交往中，说话者不仅要表达，而且还要善于接受，即领悟对方话语或态势语所蕴含的话中之话、言外之意，这样才能“对症下药”，使人心悦诚服。

4．增强磁铁般的吸引能力

吸引能力是指通过说话吸引别人注意力的能力，也就是吸引周围的人倾听自己说话，并使之愿意听、乐意听、听得进去。如果说话没有吸引力，对方不愿意听、听不进去，那么说话者即使说得再清楚、讲得再多，也没有用。

视野纵横

晏子：能说会道的春秋名相

晏子，名婴，字仲，谥号平，春秋时期著名的政治家、思想家、外交家。晏子仅凭一张能说会道的嘴，捍卫了齐国的尊严和国威几十年，让齐国在那风雨飘摇的乱世中屹立不倒。

有一次，晏子受齐景公委托出使楚国。晏子欣然受命，但他并不知道一场来自楚王的考验正等待着他。当晏子带着随从信心满满地来到楚国时，楚国派出队伍进行了热烈的欢迎，但是问题来了——迎接晏子的官员居然不请晏子走大门。原来，楚王听说晏子身材较矮，便命人在迎接使者的大门旁开了个洞，请晏子从洞中进去，借此想灭一灭晏子的威风。

晏子看到这个洞口时便对楚王的小心思了然于心，于是说道："出使狗国的人才从狗洞进去，今天我出使楚国，不应从此洞进去。"接待晏子的官员满脸尴尬，要是让晏子从这个洞口进去，以后大家岂不笑话楚国是"狗国"？于是，这个官员只好领着晏子从大门进入。

楚王看到晏子相貌平平后，便故意问道："齐国没有人可以派了吗？"晏子明白楚王在嘲讽自己的相貌，但他不生气，只是淡淡地答道："我们齐国挑使者是很有讲究的，对于那些道德高尚、讲究礼仪的好国家，就派精明能干的人出使；对于那些不成器的国家，就派蠢一点的人出使。"楚王和在座的大臣们听完这番话后，个个无言以对，要是再嘲讽晏子，岂不是承认自己的国家不成器吗？楚王一时间说不出话来，只得借着喝酒来掩饰尴尬。

众人喝酒正酣，突然有两个小侍卫押着一个犯人来到了楚王面前。晏子一眼就看穿了楚王的伎俩，但仍然不动声色，看着楚王和两个侍卫一唱一和。楚王喝道："此人犯了何罪？"侍卫答："偷窃。"楚王眉头一皱："哦，哪里人氏？"侍卫答："齐国人。"楚王用眼瞟晏子，并摇摇头问道："唉，你们齐国人擅长偷窃吗？"

晏子喝了口酒，不慌不忙地说道："我听说，橘子树种在淮河以南长出来的就是橘子，但是种在淮河以北长出来的就是枳了，为什么呢？因为水土不同。我们齐国的老百姓在齐国并不偷窃，但是到了楚国为什么就开始偷窃了呢？莫非也是楚国的水土使得老百姓善于偷窃吗？"楚王被怼得哑口无言，总算服了晏子的口才。自此以后，楚王不再轻慢晏子，对齐国也无比尊重。

晏子为人聪颖机智，能言善辩，以伶俐的口才和极其出色的外交才能折服世人，称他为"语言上的大艺术家"一点也不为过。两千多年过去了，《晏子春秋》里的每一个字仍然熠熠生辉，晏子的每一言、每一行，仍值得人们细细品味。

资料来源：百家号，有改动

探索二　初识演讲

学习清单

每完成一项学习任务，就在对应的方框中打一个钩。

课前预习	□	预习课本知识，了解演讲的基础知识
	□	观看相关演讲视频，感受演讲的氛围及激情
	□	与同学交流，说说自己对演讲的感受
课中学习	□	掌握演讲的要素及其之间的关系
	□	理解演讲的特点及分类
	□	掌握演讲的基本要求
实践练习	□	通过观看不同的演讲视频，进一步认识演讲的特点及区分不同的演讲类型
课后复习	□	分小组查找并观看不同的演讲视频，然后体会演讲的基本要求，并相互讲解自己对演讲的感受

口才初探

我有一个梦想（节选）

马丁·路德·金

朋友们，今天我对你们说，在此时此刻，我们虽然遭受种种困难和挫折，我仍然有一个梦想。这个梦想是深深扎根于美国的梦想中的。我梦想有一天，这个国家会奋起，真正实现其信条的真谛："我们认为这些真理是不言而喻的——人人生而平等。"我梦想有一天，在佐治亚的红山上，昔日奴隶的儿子将能够和昔日奴隶主的儿子坐在一起，共叙兄弟情谊。我梦想有一天，甚至连密西西比州这个正义匿迹、压迫成风、如同沙漠般的地方，也将变成自由和正义的绿洲。我梦想有一天，我的四个孩子将在一个不是以他们的肤色，而是以他们的品格优劣来评判他们的国度里生活。

今天，我有一个梦想。我梦想有一天，亚拉巴马州能够有所转变，尽管该州州长现在仍然满口异议，反对联邦法令，但有朝一日，那里的黑人男孩和女孩将能与白人男孩和女孩情同骨肉，携手并进。今天，我有一个梦想。我梦想有一天，幽谷上升，高山下降，坎坷曲折之路成坦途，圣光披露，满照人间。这就是我们的希望。我怀着这种信念回到南方。有了这个信念，我们将能从绝望之岭劈出一块希望之石；有了这个信念，我们将能把这个国家刺耳的争吵声，改变成为一支洋溢手足之情的优美交响曲。

资料来源：百度百科，有改动

探索与思考

《我有一个梦想》这一演讲有何特点？作为一名演讲者，怎样才能成就一次精彩的演讲？

探索点拨

演讲的特点之一就是激励性。《我有一个梦想》从“结束束缚黑人的漫漫长夜”的期待开始，到对一百年之后黑人现状的失望，到要求政府兑现诺言的义正词严，再到对“梦想”的热烈憧憬，其间无不充满着作者悲愤而热烈的情感。正因为作者饱含深情，使演讲如交响乐一般在听众中回荡，使听众的情绪受到感染并得以升华，产生了极大的号召力。这正是演讲成功的必要条件。

作为一名演讲者，要想成就一次精彩的演讲，一方面要注重平日里的积累和学习，另一方面也要掌握演讲语言的特征，以及不同演讲类型的特点、风格等。

探索学习

一、演讲的要素

演讲，又称“演说”或“讲演”，是指演讲者在特定的时空环境中，借助有声语言和态势语言，面对广大听众就某一具体问题发表见解，阐述观点，抒发情感，从而感召听众的一种口语交际形式。作为人类的一种社会实践活动，演讲除了具备内容与信息外，还必须具备演讲的主体、受体、媒介、时空四个要素，缺一不可。

（一）演讲的主体——演讲者

演讲的主体，即演讲者，是演讲活动的承担者和执行者。演讲者是演讲活动的中心和前提，是演讲成败的决定因素。因此，演讲者必须具备良好的素质和较强的综合能力。对一个优秀的演讲者来说，知识是基础，道德是灵魂，思想是方向，能力是核心。

（二）演讲的受体——听众

演讲的受体，即听众，是演讲的客体，是演讲内容的接受者和演讲效果的反映者。听众是演讲必不可少的有机组成部分，没有听众就没有演讲。需要注意的是，听众并非信息的被动接受者，而是演讲活动的积极参与者，能动地接收演讲信息，同时对演讲产生反馈。因此，演讲的内容和形式都必须符合听众的接受能力和审美情趣，必须照顾听众的需要。只有适合听众需要，演讲才能取得良好的效果。

（三）演讲的媒介

演讲者要想发表自己的见解，陈述自己的观点和主张，从而达到影响、说服、感染听众的目的，就必须借助与其内容相一致的表达手段。有声语言、态势语言和主体形象是演讲活动中表情达意的主要媒介。

1．有声语言

有声语言是演讲活动中传递信息、表达思想情感最主要的媒介和物质表达手段。有声语言由语言和声音两种要素构成，并以流动的方式，运载着演讲者的主张、见解、态度和感情，将其传达给听众，从而产生说服力、感召力，使听众受到教育和鼓舞。

2．态势语言

在演讲中，除了有声语言外，演讲者还常常以各种姿势、动作、表情等来帮助自己表达思想情感。这些用以帮助演讲者表情达意的姿势、动作、表情等非语言因素，称为态势语言，简称“态势语”。

态势语作为“无声的语言”，是演讲的重要辅助手段。态势语的恰当运用不仅可以帮助演讲者完善需要表达的内容，使听众更好地理解演讲内容，还可以缩短彼此之间的心理距离，营造良好的演讲氛围，达到满意的演讲效果。

3．主体形象

在演讲过程中，演讲者以其主体形象出现在听众面前进行演讲，并作用于听众的视觉器官，包括形体、仪表、着装、发型、举止神态等。而主体形象的美与丑、好与差，不仅直接影响演讲者表达思想情感，也影响听众的心理情绪和美感享受，这就要求演讲者在自然美的基础上，要有一定的艺术美。

小贴士

这里所说的艺术美，是以演讲者本人为依托的艺术美，它不同于舞台艺术性格化和表演化的艺术美。它要求演讲者在符合演讲特定环境的前提下，注意着装的朴素、自然、轻便、得体，举止、体态、风度的潇洒、大方、优雅。只有这样，才有利于演讲者思想感情的表达，有利于演讲取得较好的效果。

（四）演讲的时空

演讲活动是在特定的时间和空间进行的，这就要求演讲者要善于审时度势，因人而异，随境而发，相机行事，做到“到什么山上唱什么歌，见什么人说什么话”，以适应演讲场合，满足听众的需要。

口才互动吧

近几年，脱口秀在中国逐渐火了起来。你认为脱口秀属于演讲吗？为什么？

二、演讲的特点

演讲以“讲”为主，以“演”为辅，是“讲”与“演”的有机结合。其中，“讲”是用口语表达思想、传播知识、传递情感；“演”是借助身姿、手势、表情等态势语来增强表达效果。一般情况下，演讲具有以下特点。

（一）现实性

演讲是一种现实性的社会实践活动，它是演讲者通过现实生活中的真实案例，阐述一些道理或讲述一些问题，并向听众表达自己的主张和看法的现实活动。演讲的现实性主要表现在以下三个方面：一是演讲的选题是从现实出发的，讲述听众关心的现实问题；二是演讲的内容和感情时真实的，能够引起听众的共鸣；三是演讲宣传的主张和观点是演讲者在现实生活中的真实感受。

（二）艺术性

演讲是有声语言和态势语相结合的一种活动，这就使演讲具有了艺术性的特点。演讲的艺术性主要表现在以下两个方面：一是形声协调的整体美，即形象和声音协调一致，给人以美的享受；二是声情并茂的音韵美，即语调随着情感的变化起伏顿挫，时而高昂激越，时而柔和低缓，给人以强烈的艺术感染。

（三）激励性

激励性是演讲的一个显著特点。演讲者炽热的情感、悦耳的声音和动听的语调、优美的姿态和明快的手势，以及严谨的态度和缜密的逻辑，都会强烈地吸引听众，感染听众，进而使听众受到激励。

（四）综合性

演讲的主题、材料、语言、结构等要素构成了一个和谐的整体，并与演讲的时间、地点、听众等相呼应，两者合为一体。此外，演讲还将各种表达手段综合在一起，可议、可叙、可描、可说、可抒，能绘声绘色、抒发自如地表达演讲者的观点。

三、演讲的分类

扫一扫

演讲的分类

演讲的分类并不是绝对的，一次演讲从不同的角度看可分属于不同类型的演讲；各种类型的演讲之间也可以互相交叉、互相融合。但不论哪种类型的演讲，都是为了发表意见、抒发感情，从而感召听众。

（一）按功能划分

以功能为标准，演讲可分为“使人知”的演讲、“使人信”的演讲、“使人激”的演讲、“使人动”的演讲等。

1. “使人知”的演讲

这种演讲的主要目的是使听众知道、明白一些知识或道理。其特点是知识性强，语言准确。例如，美学家朱光潜的演讲——《谈作文》，讲解了写作文前的准备工作、文章体裁、构思、选材等，使听众明白了作文的基本知识。

2. “使人信”的演讲

这种演讲的主要目的是使听众相信一些观点或见解。它是从“使人知”的演讲发展而来的，其特点是观点独到、正确，论据翔实、确凿，论证合理、严密。例如，恽代英的演讲——《怎样才是好人》，不仅告诉了听众哪些人不是好人，还提出了三条衡量好人的标准，通过一系列的道理论述，改变了听众以往的旧观念。

3. “使人激”的演讲

这种演讲的主要目的是使听众激动起来，并在思想感情上与演讲者产生共鸣。其特点是极富感染力，感情充沛。例如，马丁·路德·金的演讲——《我有一个梦想》，用几个“梦想”激发了广大听众的自尊感、自强感，激励他们为“生而平等”而奋斗。

4. “使人动”的演讲

这种演讲的主要目的是使听众产生一种欲与演讲者一起行动的想法。其特点是鼓动性强，多以号召、呼吁式的语言结尾。

（二）按语言风格划分

以语言风格为标准，演讲可分为激情型演讲、活泼型演讲、质朴型演讲、含蓄型演讲和雅致型演讲。

1. 激情型演讲

这种演讲具有较强的感染性和鼓动性。演讲者往往用充满激情、火热滚烫的语言去吸引、打动和感染听众，以激起其强烈的情感共鸣。闻一多的《最后一次讲演》堪称这种风格的典型代表。

2. 活泼型演讲

这种演讲的语言新颖生动，句式灵活多变。演讲者一般以轻松愉快的心情和富于表现力的态势语，给听众以强烈的新鲜感，使听众在笑声中受到教育和鼓舞。

3. 质朴型演讲

这种演讲追求本色、强调本真，讲究语言表达的准确性、科学性和严密性，以朴实无华的语言风格表达深刻的思想内容，打开听众的心灵之窗，如阎肃的《感谢生活》。

4. 含蓄型演讲

这种演讲音色柔和浑厚，语调自然平缓，节奏缓慢，以深沉的情感娓娓道来，给听众以心灵的启迪。

5. 雅致型演讲

这种演讲没有紧锣密鼓的节奏，内容丰富，言辞温婉，富有韵味，追求以清新雅致的语言美来感染听众。毕淑敏的《别给人生留遗憾》，就是以雅致的风格为听众所喜爱的。

（三）按形式划分

以形式为标准，演讲可分为命题演讲、即兴演讲和辩论演讲。

1. 命题演讲

这种演讲是演讲者根据事先拟定的题目或话题范围，预先做好准备所进行的演讲。命题演讲主要包括全命题演讲和半命题演讲两种形式。其中，全命题演讲针对性强，主题鲜明，由演讲活动的组织者确定题目，演讲者根据规定的题目进行演讲；半命题演讲由演讲活动的组织者限定话题范围，演讲者根据自己的实际情况拟定演讲题目进行演讲。目前，学校所举办的演讲比赛活动大多采用的是半命题演讲的形式。

2. 即兴演讲

这种演讲是指演讲者在事先没有准备或准备不充分的情况下，被眼前的情景、事物、人物所感，因兴而发的演讲。即兴演讲主要有生活场景和命题比赛两种形式。随着信息传播的日益加快，以及人们交往的日益频繁，即兴演讲成为人们工作和生活中使用频率最高、最受欢迎的一种演讲形式。

3. 辩论演讲

这种演讲是指对某一事物持不同观点的双方，在同一辩论环境中所进行的以坚持本方观点、批驳对方观点为宗旨的演讲，主要包括日常辩论、专题辩论和赛场辩论三种形式。其中，最具针锋相对、短兵相接特色的赛场辩论是人们最喜爱的一种辩论形式。

（四）按内容划分

以内容为标准，演讲可分为政治演讲、礼仪演讲、学术演讲、生活演讲、竞选演讲、法庭演讲等。

1. 政治演讲

这种演讲是一种非常严肃的演讲，具有鲜明的思想性、严密的逻辑性和强烈的鼓动性。它是一种针对国内外的政治问题与现实生活中的思想认识问题进行分析、评论，阐明和宣传某种政治观点和主张的演讲，主要包括外交演讲、军事演讲、就职演说、集会演讲、宣传演讲等。

2. 礼仪演讲

这种演讲是在各种社交仪式上发表的表达一定感情的讲话，包括送迎、贺喜、祝捷、宴请、凭吊等各类礼仪性讲话。其特点是言词谦恭得体，感情真挚充沛。

3．学术演讲

这种演讲是指演讲者就某些系统而专业的知识所做的专题讲座、学术报告和科学报告等，如中央电视台的《百家讲坛》。其内容要求具有科学性、系统性和独创性。

4．生活演讲

这种演讲是指演讲者就社会生活中存在的各种问题、风俗、现象所做的演讲，它表达了演讲者对这些问题的看法、见解和主张。生活演讲涵盖的内容非常广泛，包括悼词、贺词、欢迎词、欢送词等，如梁启超的《为学与做人》、阿尔伯特·爱因斯坦的《悼念玛丽·居里》等。

5．竞选演讲

这种演讲是指在一定的组织形式中，演讲者通过自荐的形式，竞争某一职务或某项工作的一种演讲。竞选演讲除了要求演讲者具备良好的心理素质和较高的语言表达水平外，还应当事先对听众可能提出的问题做好充分的准备，避免回答的太过随意。竞选演讲实际上是用据理力争的方式，实行自我推销。

6．法庭演讲

这种演讲是最古老的演讲类型之一。它指的是公诉人、辩护人、诉讼代理人等在法庭上所发表的演讲，主要包括检察官的起诉词、律师的辩护词、被告的自我辩护等。法庭演讲以绝对的客观、充分的论据和雄辩的逻辑力量为特点，严禁主观色彩的渗入。

口才训练营

一、训练目标

通过查找、观看下列演讲视频，或者让学生分享自己喜欢的演讲，使学生进一步感受演讲的语言特点，并区分演讲的类型。

二、训练内容

朱光潜《谈作文》

马丁·路德·金《我有一个梦想》

阎肃《感谢生活》

梁启超《为学与做人》

恽代英《怎样才是好人》

闻一多《最后一次讲演》

毕淑敏《别给人生留遗憾》

阿尔伯特·爱因斯坦《悼念玛丽·居里》

三、训练评价

（1）能正确说出每个演讲感情激越、最能引起听众共鸣的地方。

（2）能正确区分演讲的类型。

四、演讲的基本要求

（一）内容正确，观点鲜明

内容是演讲的生命。单纯追求演技而内容空泛的演讲，会给听众一种无病呻吟或哗众取宠的感觉。因此，演讲的内容要实事求是，要具有科学性和严谨性。同时，演讲所阐述的思想和观点必须鲜明，赞成什么、提倡什么、反对什么、否定什么，便于听众做出正确的选择。

（二）材料充实，感染力强

演讲要靠事实说话。演讲所使用的材料应具备以下两个要求：一是要充分，既可以引用名人名言或格言警句，又可以讲述情节生动、感人至深的故事，还可以列举说服力强的实验数据；二是要确凿，不能模棱两可，并具有强烈的感染力，这样才能说服和打动听众。

扫一扫

尼克·胡哲：自我为例的演讲

（三）语言生动，声音优美

演讲的语言应是典型的大众化语言，这就要求演讲者在演讲时多用音节流畅、句式简短、节奏感强的语句，做到简洁明确、通俗易懂、深入浅出、生动活泼。同时，演讲者的声音要圆润清亮、悦耳动听、婉转悠扬，以适应演讲特定场合的需要。

（四）感情真挚，态势得体

演讲要先“动之以情”，才能“晓之以理”。演讲中感情的流露，要真挚、自然、朴素，切忌矫揉造作、装腔作势。同时，演讲者运用的态势语也应切合演讲内容的表达需要，做到简洁、大方、自然、得体，少而精。

口才知识窗

演讲与口才的关系

演讲与口才是两个既有联系又有区别的概念。在生活中，人们既要“谈演讲”，也要“论口才”。

一、演讲与口才的区别

演讲与口才是一门艺术，也是一门科学。有人认为演讲与口才是并列关系，也有人认为两者是从属关系。实际上，演讲是口语表达的一种形式，而口才是一个人综合能力的体现。演讲往往是一人讲、众人听，其表达具有艺术性，目的在于宣传、鼓动听众；而交流过程往往是双向的，目的在于展现自己良好的口语表达能力或让别人了解自己。因此，演讲优于其他口语表达形式，是较高层次的口语艺术。

二、演讲与口才的联系

演讲是思想、道德教育的有效方法，是传播知识的好途径。虽然演讲不等于口才，但两者有着密切的联系，每个人都可以通过演讲来锻炼自己的口才。有口才的人不一定是优秀的演讲者，但优秀的演讲者一定是有口才的人。

（1）演讲是锻炼口才的重要途径。演讲经历少的演讲者，尤其是第一次登台演讲，其内心往往比较紧张，甚至不敢看听众，说话语无伦次，做出不自然的动作。而经常演讲的演讲者，可以逐渐消除当众说话的紧张感和恐惧感，增强自信心，并养成良好的语言习惯，使口语表达更加自然流畅、精练生动。

（2）口才是成功演讲的坚强后盾。口才是演讲的前提条件，成功的演讲离不开口才。在演讲中，好的口才可以帮助演讲者打动听众、感染听众，走向演讲的最高境界。

视野纵横

李大钊：铁肩担道义　精神启后人

李大钊，中国共产党主要创始人之一。38 年的人生，李大钊在中国革命史上书写了不朽的篇章，也在后人心中树起了一座精神丰碑。钊者，勉励也。李大钊用其一生诠释了这个字。他勉励青年，领导学生运动；他勉励工人，登上政治舞台；他勉励国人，以爱国之心，守护我们的国家。

为了庆祝第一次世界大战协约国胜利，北京大学于 1918 年 11 月 15 日举行演讲大会；29 日又在中央公园（今中山公园）举办庆祝第一次世界大战协约国胜利大会。李大钊先后两次在大会做了题为“庶民的胜利”的演讲。

1927 年，李大钊英勇就义，他在生命的最后一刻，仍慷慨激昂地发表演讲，让敌人面红耳赤、无地自容，用生命捍卫了自己神圣的信仰。

在李大钊身上，人们可以看到优秀传统文化与近代先进思想的完美结合、中华民族传统美德和共产主义道德的和谐统一。即便在科技高度发展的信息时代，李大钊先生身上流露出来的英雄精神依然值得人们学习。

资料来源：学习强国，有改动

探索提高

一、填空题

1．演讲活动的承担者和执行者是演讲的________。

2．________实质上是将思维过程的结果用语言形式表述出来。

3．________是训练口才的一项必不可少的要求。

4．演讲者根据事先拟定的题目或话题范围，预先做好准备所进行的演讲是________。

5．________作为“无声的语言”，是演讲的重要辅助手段。

二、不定项选择题

1. 下列各项中，说法不正确的是（　　）。
   A. 演讲是口才的一种较高层次的表现形式
   B. 演讲是锻炼口才的有效方法之一
   C. 口才是成功演讲的重要因素之一
   D. 拥有好口才的人一定是优秀的演讲者
2. 演讲离不开有声语言和（　　）。
   A. 手势动作　　B. 态势语言
   C. 眼神交流　　D. 头部动作
3. 演讲是一种具有（　　）和艺术性的社会实践活动。
   A. 大众性　　B. 理想性
   C. 现实性　　D. 社会性
4. 演讲四要素包括（　　）。
   A. 主体　　B. 受体
   C. 媒介　　D. 时空
5. 下列各项中，说法正确的是（　　）。
   A. 口才是影响一个人事业能否成功的重要因素之一
   B. 虽然口才是一种天赋，但仍需要靠后天的刻苦训练
   C. 知识是形成优秀口才的必备条件
   D. 思维的内容决定着语言表述的意义
6. 以语言风格为标准，演讲可分为质朴型演讲、含蓄型演讲、雅致型演讲和（　　）。
   A. 激情型演讲　　B. 活泼型演讲
   C. “使人激”的演讲　　D. “使人动”的演讲
7. （　　）的内容要具有科学性、系统性和独创性。
   A. 学术演讲　　B. 政治演讲
   C. 竞选演讲　　D. 生活演讲
8. 演讲的基本要求包括（　　）。
   A. 内容正确，观点鲜明　　B. 材料充实，感染力强
   C. 语言生动，声音优美　　D. 感情真挚，态势得体

三、简答题

1. 演讲是一种独特的语言表达形式，它有哪些特点？
2. 口才在人际交往中的重要作用具体表现在哪些方面？
3. 演讲有哪些分类标准？

4. 简述口才的培养途径。

四、案例分析题

小王是一名经济管理专业的学生，他每学期的学习成绩都名列前茅，但当众讲话时总也克服不了面红耳赤、腿脚发软、语无伦次的毛病。因此，小王常常想说又不敢说，内心十分痛苦。

问题：你认为小王害怕当众讲话的原因是什么？应如何解决？

实战演练——“如何学好演讲与口才”主题班会

告别思维混乱，提升逻辑表达

【任务背景】

人生一张嘴，除了吃饭、呼吸，最主要的功能就是说话。但要把话说好，让说话为自己的社交和工作加分，并不是一件容易的事。从张嘴说话到妙语连珠，从“一言既出，追悔莫及”到“听君一席话，胜读十年书”，需要科学的训练，更需要长期的努力。而演讲能力作为衡量一个人思想水平高低的重要标准，更是检验一个人口才和人格魅力的标准，是现代社会人们获得成功的必要条件之一。

【任务目标】

通过主题班会，学生不仅要深刻认识演讲与口才的重要性，为“如何学好演讲与口才”出谋划策，还应能结合自身的实际情况，制订学习计划，提升学习适应能力，并在日常生活和学习中积极实践，逐步提高自己的口语表达能力，为今后的幸福人生增光添彩。

【任务实施】

组织形式	小组和个人混合任务
任务准备	（1）教师制订班会活动方案。 （2）每名学生课前通过网络或书籍搜集、摘录关于演讲与口才的名言或故事。 （3）每名学生以“我的口才素养分析”为题，从个人性格、口才现状、表达能力等方面分析自己的优势和劣势，准备好自己的发言稿。 （4）根据班级人数，将学生分为若干个小组，每组 3～5 人。 （5）小组内进行分析、讨论和记录，并推选一名语言表达和组织能力强的同学作为小组发言人。 （6）确定本组的讨论结果，并准备分享环节所需的 PPT、视频或音频等材料

（续表）

实施流程	（1）教师点明班会主题。 （2）个人分享。按照学号顺序，每名学生在课堂上依次陈述自己的“我的口才素养分析”发言稿，限时 3 分钟。分享结束后，教师针对每名学生的发言进行总结，并组织学生就自己的口才现状展开讨论。 （3）小组分享。各组以抽签的方式决定分享顺序，然后由小组发言人轮流汇报小组最终的讨论结果，小组其他成员可进行补充发言。 （4）自我总结。班会结束后，每名学生根据自己的实际情况制订出相应的学习计划，开展自我训练或互相监督训练，以提升自己的口语表达能力

探索学习评价

指导教师根据学生的探索学习情况对其进行评价，学生配合指导老师共同完成如表 1-1 所示的探索学习评价表。

表 1-1　探索学习评价表

<table>
<tr><td colspan="2">班级</td><td></td><td>组号</td><td></td><td>日期</td><td colspan="2"></td></tr>
<tr><td colspan="2">姓名</td><td></td><td>学号</td><td></td><td>指导教师</td><td colspan="2"></td></tr>
<tr><td colspan="2">项目名称</td><td colspan="6">走进语言世界，领略口才魅力——演讲知识准备</td></tr>
<tr><td rowspan="2">评价维度</td><td rowspan="2">一级指标</td><td rowspan="2">二级指标</td><td rowspan="2" colspan="2">评价标准</td><td rowspan="2">分值</td><td colspan="2">评分</td></tr>
<tr><td>自评</td><td>师评</td></tr>
<tr><td rowspan="2">知识
20%</td><td rowspan="2" colspan="2">重难点知识</td><td colspan="2">对演讲与口才有较为深入的认识</td><td>8</td><td></td><td></td></tr>
<tr><td colspan="2">掌握演讲与口才的理论知识</td><td>12</td><td></td><td></td></tr>
<tr><td rowspan="5">能力
30%</td><td rowspan="2">自主学习能力</td><td>梳理能力</td><td colspan="2">梳理演讲与口才的理论知识</td><td>6</td><td></td><td></td></tr>
<tr><td>领悟能力</td><td colspan="2">感受演讲与口才对人们生活的重要性</td><td>6</td><td></td><td></td></tr>
<tr><td colspan="2">信息检索能力</td><td colspan="2">能够灵活利用各种渠道搜集相关资料</td><td>6</td><td></td><td></td></tr>
<tr><td rowspan="2" colspan="2">实践创新能力</td><td colspan="2">能够独立分析问题并提出解决问题的新方法</td><td>6</td><td></td><td></td></tr>
<tr><td colspan="2">能够找到创新的思路和方向，确保创新活动沿着正确的方向前进</td><td>6</td><td></td><td></td></tr>
</table>

（续表）

评价维度	一级指标	二级指标	评价标准	分值	评分	
					自评	师评
素质20%	课堂表现	纪律意识	遵守课堂纪律，认真完成课堂与课后作业	4		
		互动意识	积极发言，完成课堂互动	4		
		改进意识	勤于思考，善于总结	4		
	实践活动	仪容仪表	大方得体，把握分寸	4		
		团队精神	尊师爱友，积极合作，团结奋进	4		
活动30%	个人	学习计划	条理清晰，操作性强	6		
		发言稿	表述正确，用词贴切	6		
		上台发言	语速恰当、声音响亮，姿势自然得体	6		
	小组	演示文稿	重点突出、详略得当	6		
		学习方案	结构完整，层次清晰，材料丰富	6		
合计				100		
总评	互评（30%）+师评（70%）=					
教师评语				教师（签名）：		

探索学习笔记

探索学习要点与难点

已解决的问题及解决方法

待（未）解决的问题

探索学习体会与收获

项目二

掌握必备技能，登上魅力舞台——演讲技能提升

项目导读

一个善于演讲的人，必须具有敏锐的观察力，能深刻认识事物、准确反映事物；必须具有辩证思维，能够全面地分析、准确地判断、合乎逻辑地推理；必须具有广博的知识，能够旁征博引、言之有物、有理有据；还必须具有良好的应变能力，能够条理清晰、风趣幽默地随机应变。本项目从口语运用谈起，探索演讲的基本功及基础技巧，为顺利登台演讲提升技能。

学习目标

素质目标 SUZHI MUBIAO

（1）形成“有话大声说，有话公开说，有话当众说”的表达思维。

（2）具备快速表达正确、积极、健康内容的能力和信心。

（3）培养科学的逻辑思维能力。

知识目标 ZHISHI MUBIAO

（1）掌握提高演讲基本功的方法。

（2）理解演讲的有声语言、态势语、空间距离及语言表达。

（3）掌握演讲基础技巧的相关训练要领。

能力目标 NENGLI MUBIAO

（1）能充分发挥自己的性格特点，运用大方、得体、规范的语言进行社交活动。

（2）能恰当使用态势语，提高演讲的生动性和形象性。

探索一　提高演讲的基本功

学习清单

每完成一项学习任务，就在对应的方框中打一个钩。

课前预习	□	预习课本知识，了解演讲基本功的相关内容
	□	列出自己通过网络搜集到的提高演讲基本功的方法和技巧
课中学习	□	理解口语运用的基本原则
	□	掌握演讲的心理素质、思维能力及临场应变能力
实践练习	□	通过口语运用训练、心理素质训练、思维能力训练和现场控制训练，锻炼自己的演讲基本功
课后复习	□	结合自身情况，为自己制订提高演讲基本功的锻炼计划
	□	与同学交流，相互评价对方的提高演讲基本功的锻炼计划

口才初探

紧张的小王

由于工作需要，小王要在公司的新品发布会上做产品介绍。该产品是他带领自己的团队研发出来的，所以他对产品的各项性能比较熟悉。在新品发布会召开前，老板非常严肃地告诉他：“这次新品发布会非常重要，它的成功与否关系到公司的命运。如果不成功，公司投进去的资金就收不回来，大家都没好日子过。”这番话使小王非常紧张，他总是用“老板把这么重要的工作交给我，我一定要做好，否则……”的想法给自己施压，导致他越发地紧张。在召开新品发布会时，他由于总担心自己会说错，还没有开口就已满头大汗。结果他真的因为过度紧张，把产品介绍得一塌糊涂。

资料来源：360 图书馆，有改动

探索与思考

小王为什么会过度紧张？如果你是小王，你在新品发布会上会如何表现？

探索点拨

在某些特别的场合，很多人也像小王一样过度紧张，总是担心自己会出错，结果却是越紧张越出错。很多人害怕自己出丑，提前将自己置于一个被动的境地，以至于越来越紧张，这在演讲中是非常常见的。

探索学习

一、口语运用

口语运用是演讲的基础。因此，要使演讲达到既定的效果，演讲者必须遵循口语运用的基本原则。一般来说，口语运用的基本原则主要包括以下几个方面的内容。

（一）态度诚恳，谦逊有礼

俗话说“好话一句严冬暖，恶言半声三春寒”，而良言与恶语的区别首先表现在说话态度上。诚恳、温和且谦逊的说话态度能够调动听众的积极情绪，使其感到心情愉快，从而拉近演讲者与听众之间的距离。

（二）明确对象，考虑方式

演讲者面对的听众是不同的，如他们的年龄不同、知识水平不同、职业不同、爱好不同、生活阅历不同等。这些都决定了演讲者要有强烈的对象意识，即根据不同的对象，选择合适的内容，确定恰当的表达方式，以此达到最佳的演讲效果。

例如，儿童单纯稚嫩、天真活泼、好奇心和求知欲强，喜欢听富于故事性、趣味性、知识性的内容。因此，当听众是儿童时，演讲者应采用讲故事、打比方、说笑话的方式，使用浅显易懂、生动形象的语言。

（三）注意场合，善用环境

口语运用受制于特定的环境，而环境是由一定的时间、空间、情景和人际关系等因素有机组合而成的。因此，口语运用要“话循境发，话随境迁”。也就是说，说话要顾及场合。演讲者应随着环境的变化调整说话的内容和表达方式。即使是表达相同的内容，在不同的场合，演讲者所用的材料与表达方式也应做出与之相适应的调整。此外，演讲者还要学会利用现场的有利条件，灵活发挥，以取得最佳的演讲效果。

（四）主旨明确，条理清楚

演讲者开口说话时，无论涉及什么内容，或以何种表达方式进行，都是为了实现一定的演讲目的。这就需要演讲者在演讲之前明确演讲的主题，进而围绕主题选择材料和确定表达方式。

此外，演讲者在演讲时还要做到先后有序、条理清楚，切忌颠三倒四、枝蔓芜杂。在比较严肃的场合演讲，演讲者除了可以先列出一个提纲以外，还可以在演讲过程中使用过渡句，如“刚才我讲的是第一个问题，下面接着讲第二个问题”等，以增强表达的条理性。

> **话有引力**
>
> 言简意赅的句子，一经了解，就能牢牢记住，变成口号，而这是冗长的论述绝对做不到的。
>
> ——恩格斯

（五）清晰规范，流利自如

扫一扫

说话不流畅怎么改善？

清晰是指演讲者吐字清晰、音量适度，能把演讲的内容清楚地传达给听众，使听众都能听得明白。

规范是指演讲者的表达要符合语言规范和逻辑规范。语言规范包括语音标准、词汇准确、语法规范等；逻辑规范包括语序合理、前后照应、有因有果等。

流利一方面是指口语表达流畅，没有迟疑沉吟、欲言又止、结结巴巴等毛病；另一方面是指语句结构顺畅，即没有成分不全、搭配不当、句式杂糅等语病。在演讲过程中，只有语言流畅、语法规范，才能达到较好的演讲效果。

自如是指运用口语表达思想感情能够达到比较纯熟的程度，即做到得心应手、游刃有余。这是一个比较高的要求，要做到这一点，演讲者需要对所表达的主题有充分的认识和深刻的理解。

口才训练营

一、训练目标

通过即兴表述，让学生进一步掌握口语运用的基本原则，进而找到自己需要加强练习的地方。

二、训练内容

当众表述自己对口语运用基本原则的认识和理解，限时 3 分钟。

三、训练评价

（1）有勇气当众表达，不怯场，表达有一定的内容。

（2）当众表达时，能够用语言营造一定的美感。

二、心理素质

在演讲时，演讲者或多或少都会有一定的心理负担，很容易出现心理失衡的现象，从而影响演讲的效果。因此，演讲者不仅要熟练掌握口语运用的基本原则，还要具备较强的心理素质。一般来说，演讲者应具备的心理素质主要表现在以下三个方面。

（一）自信心

自信与成功是密不可分的。通常来说，缺乏自信的人在演讲时会产生一种消极的自我暗示，越怕失败、越怕被人嘲笑，就越忧心忡忡、越会分心，无形中影响了自己正常水平的发挥。因此，演讲者要树立自信心，熟练地掌握演讲的基本原则，深刻地理解演讲内容，并相信自己能够成功。

（二）自制力

自制力就是根据需要，对自我情绪和行为进行调节和控制的能力。由于演讲活动情况复杂，很多因素都可能引起演讲者的情绪波动，如欢愉、兴奋、恐惧、忧虑等，而这些情绪都会对演讲产生不同的影响。作为一名演讲者，只有拥有较强的自制力，才能让自己始终保持冷静，从而达到理想的演讲效果。

（三）成功欲

人的欲望是一切实践活动的内驱力。一般情况下，演讲活动的目的是为了达到某种预期，而演讲者对这种预期的目标价值认知越深刻，成功的欲望就越强，演讲的效果就越好。

口才知识窗

演讲前提升心理素质的方法

（1）心理稳定法：事先做几次深呼吸，使呼吸与心跳趋向正常；慢慢喝水，慢慢咽下，稳定情绪，专心致志地考虑所讲内容；上台后不急于开口，先扫视全场，然后再开讲。

（2）自我暗示法：开口发言前，深呼吸数次，并暗自在心中进行自我鼓励，如“我有把握讲清楚”“我已经准备得很充分了，一定能行”等；目光平视并自我暗示“只要不慌张，紧张一定会消除的”“说话语速慢一些，语调平和一些”等。

（3）活动转移法：在演讲开始前，有意识地避免将注意力集中在即将到来的演讲上，可以与人交谈不相干的话题，或者散散步，活动一下身体等，这些都能起到调节紧张情绪的作用。

口才互动吧

在说话前感到紧张时，你通常会用什么方法缓解自己的情绪？

三、思维能力

（一）思维方式

对于同样的事物或问题，不同的人会有不同的思维方式。即使同一个人，在不同的时间和空间，也会有不同的思维方式。在演讲中，常见的思维方式有发散思维与集中思维、正向思维与逆向思维。

1．发散思维与集中思维

发散思维是一种同中求异的思维，是指思路从某一中心向不同层次、不同方向辐射，从而引出许多新信息的思维方式；而集中思维是围绕某个中心选择、归纳和重新组合信息的思维方式。训练发散思维，能让演讲者思路顺畅，长于联想，善于应急变通；训练集中思维，能让演讲者表达明确、重点突出。

水，无处不在：沟渠、江河、海洋，乃至云雾、虹霓、雨雪、冰霜都是水。水，形态不定：或潺潺淙淙，或滚滚滔滔，或浩浩荡荡。水极其平凡，但又十分宝贵：动植物缺了它，生命就无法延续；工业农业少了它，生产就只有停顿。水比棉柔软，比钢坚硬：坚持不懈，滴水可以穿石；团结一致，涓滴可以成海……

分析：以上是一档科技节目中主持人谈到“水”时所说的一段话。主持人运用了发散思维，从水的来源、形态、作用、质地和精神，多角度组织内容并进行了表述。

口才训练营

一、训练目标

通过课堂训练，锻炼学生的发散思维和集中思维。

二、训练内容

（1）请围绕下列题目，进行发散思维训练。

① 请在一分钟之内说出氧气的4～6种用途。

② 请说一说“0”可以代表什么（至少想出10种事物）。

（2）找出下列每组词语之间的内在联系，并围绕一个中心，将其组成一段有意义的话。

第一组：	字典	筷子	足球
第二组：	公鸡	青蛙	驴

第三组：农村　　　城市　　　高楼

三、训练评价

（1）掌握发散思维和集中思维的训练要点，反应敏捷。

（2）思路清晰，语言流畅，逻辑正确。

2. 正向思维与逆向思维

人类的思维具有方向性。一般认为，正向思维是指人们沿着常规思路去思考问题的思维方式，而逆向思维是指人们背离常规思路去思考问题的思维方式。例如，谈及对“天平”的看法，人们一般会想到它的“公平”特性，这是常规思维，即正向思维；而“最偏心，谁多给一点就倾向谁”的看法，则是与常规思维相反的一种思维方式，即逆向思维。

（二）思维品质

思维品质是指个体的智力特征在思维活动中的体现，是思维能力的具体表现形式，一般包括思维的条理性和思维的开阔性。

1. 思维的条理性

思维的条理性是对思维品质最基本的要求。在演讲中，思维的条理性主要是指说话中心明确、层次清晰、言之有序。思维条理性差，必然会导致语言杂乱、叙事不清、说理不明。为了使思维、讲话有条理，在演讲过程中，演讲者可以适时留下“思维路标”（一种言语手段）。常用的方法有以下几种。

（1）插入顺序词或提示性词语，如“首先”“其次”“再说”“总之”“可见”“总而言之”等。

（2）使用关联词语，如“因为”“所以”“但是”“然而”等。

（3）称代重提或词语重复，如“……一位同学跑了进来。这位同学……”“读书有什么好处？读书……读书……”等。

2. 思维的开阔性

思维的开阔性，也就是思维的广度，要求演讲者善于想象，富于联想。想象是人对头脑里已储存的表象进行加工，将其改造成新形象的心理过程。联想是指由一个事物想起其他相关的事物，一般包括以下三种形式：一是接近联想，即对时间或空间上距离相近的事物的联想，如从月亮想到星星，再想到天空；二是类似联想，即对某些性质类似的事物的联想，如从月亮想到月饼，再想到中秋节；三是对比联想，即对性质或特点相反的事物的联想，如从月亮想到太阳，从沙漠想到森林。

四、临场应变能力

由于不确定因素的存在，演讲者即使做好了充分准备，在演讲过程中也可能会出现一些意外情况，如忘词、冷场、演讲被干扰等。因此，演讲者需要具备一定的临场应变能力，以应对意外情况的发生。

（一）忘词了怎么办

扫一扫

忘词了怎么办？

在演讲中，演讲者可能因为过度紧张，出现忘词的现象。为了有效缓解忘词带来的尴尬，演讲者一定不要慌张，而应保持微笑，使自己尽快放松下来，然后自然地看一下事先准备好的笔记或大纲，以帮助自己迅速回忆起接下来要演讲的内容。

如果实在想不起来演讲的内容，演讲者可以从演讲主题引申开，重新寻找一个新话题，切忌有长时间的沉默。

小贴士

短暂的沉默可以吸引听众的注意，使听众认为演讲者在强调自己说过的话或等待他们的掌声，但长时间的沉默则会引起听众的骚动，可能引发难以控制的局面。

（二）冷场了怎么办

冷场也是演讲中经常出现的状况，其原因是演讲者的语言没有吸引力，无法引起听众的共鸣。为了有效处理冷场，演讲者可以采用以下几种方法。

1. 变换话题，穿插趣事

演讲时，演讲者如果发现听众的兴致不高，精神不集中，可以尝试用变换话题的方式重新吸引他们的注意力，如插入一两个与主题有关的幽默故事或笑话。但是，演讲者变换的话题不可以偏离演讲主题太远，且最终仍要回到原有主题的轨道上继续演讲。

2. 拉近距离，活跃气氛

若演讲内容与听众没有太大关系，就会出现冷场现象。此时，演讲者可以采用适当的方法拉近与听众的距离，活跃现场气氛，进而推动演讲的顺利进行。例如，演讲者可以采用设问、停顿等方式设置悬念，让听众猜测、追问，进而调动听众的积极性，加深听众的印象，引起他们的好奇心，为演讲的顺利进行做好铺垫。

口才互动吧

若班会上出现冷场的情况，作为主持人的你会采用什么方法来处理？

（三）发生意外情况怎么办

有时，演讲者会遭遇各种意想不到的情况，如停电、电话响起，或扣错扣子、不小心跌倒等。这些意外情况不仅会影响演讲者的思路，还会转移听众的注意力。因此，在演讲前，演讲者要做好各项检查，或者预备几套应急方案，确保演讲的顺利进行。

由于意外是无法预测的，作为演讲者，一定要时刻保持灵活的头脑和清晰的思路，充分发挥自己的临场应变能力和控场能力，将意外对演讲的负面影响降到最低。如果意外情况导致演讲不得不终止，演讲者需要真诚地向听众表示歉意。

一位演讲者在对一群妈妈讲述自己的育儿心得时，一名刚会走路的宝宝突然哭闹起来，把听众的目光一下子都吸引了过去。演讲者见状，微笑地看着宝宝，并柔声地说："宝宝是不是饿了？我这里有好吃的宝宝食物。"宝宝的妈妈致谢后马上带宝宝出去了。演讲者转身笑着对其他妈妈说："我认为我们应该感谢这名宝宝，他为我们提供了一个判断孩子哭闹原因的机会，接下来我们可以谈谈这个问题……"

（四）面对提问怎么办

在演讲中遇到听众提出问题时，演讲者应认真倾听，以表示对听众的重视，并确保答词的正确性或可参考性，避免因不懂装懂，使自己陷入尴尬的境地。如果确实不知道如何回答，演讲者可以说："对不起，我刚好在这方面没有准备，但是我非常乐意和你共同探讨这个问题，一起寻找答案。"

视野纵横

袁隆平：常做思维的体操

袁隆平成长在一个重视教育的知识分子家庭。虽然童年在战火纷飞中度过，但父亲对他和其兄弟姐妹的教育从未放松，不管辗转到哪里，都首先为他们寻一所学校读书。母亲是袁隆平的发蒙者。她常常把孩子们聚在一起，教他们说英语，用故事激发兴趣、启迪心智，讲做人做事的道理。就是从母亲那里，袁隆平知道了创耕耘、植五谷的神农氏。

家庭教育培养了袁隆平热爱读书的习惯。每到一所新学校，袁隆平就打听学校有没有图书馆。在西南农学院农学系读书时，袁隆平是学校图书馆的常客。不同于其他同学，袁隆平不是在图书馆里读书，而是拿着书到学校旁边的小树林里、小土岗上去读。这是因为他有一个独特的阅读习惯——诵读。

拿到一本书后，袁隆平不是默看，而是喜欢大声朗读。这个习惯是他在湖北汉口博学中学读高中时养成的。高一时，学校举行演讲比赛，他和班里另外两名参赛选手选定演讲稿，然后相邀早起到宿舍楼顶上放声朗读。从那时开始，袁隆平发现放声朗读是一种很好的读书方法：它可以强化记忆、刺激思维，使自己加深对文章的理解，还可以训练普通话，锻炼肺活量。

对于读书，袁隆平认为不妨兴趣广博一点。除了业务书，他还爱看文史、地理类书籍和世界文学名著，如《简·爱》《呼啸山庄》等，而且他喜欢读英文原版书。他认为这样可以“一箭双雕”，既读了作品，又学习了外语。当然，光读书是不够的，读书要与实践相结合，对科研工作来说更是如此。他常和学生们说，电脑和书本里种不出水稻，要多联系实际，多到试验田里走走看看，把论文写在稻田里，写在大地上。

资料来源：人民日报，有改动

探索二　掌握演讲的基础技巧

学习清单

每完成一项学习任务，就在对应的方框中打一个钩。

课前预习	□	预习课本知识，了解有声语言训练的相关知识
	□	观看相关演讲视频，体会演讲者的态势语及语言表达
课中学习	□	理解发音效果的训练方法，掌握音调变化和节奏的训练方法
	□	掌握演讲态势语的训练要领，拥有良好的个体形象
	□	理解并掌握演讲的空间距离及语言表达
实践练习	□	通过语音训练，能将所学的声调知识灵活运用到实际生活中
	□	通过课堂训练，能够根据内容及情感表达的需要，设计并运用态势语表情达意，提高自身的形象与气质
	□	通过演讲训练，能综合运用演讲的态势语、语言表达方式及把握演讲的空间距离，为提高自己的演讲能力打下基础
课后复习	□	上网查找相关语音训练题目，通过协同练习或自我练习，巩固音调变化及节奏掌握的训练方法
	□	结合自身情况，为自己制订演讲基础技巧的练习计划

口才初探

小李的疑惑

小李和小王都是成绩优秀的学生。然而，每次学校举办大型活动时，班主任都会让小王代表班级发言、领奖。小李百思不得其解，他向朋友抱怨道：“班主任为什么总是让小王当代表，而对我的才能视而不见呢？”朋友说：“如果是我，我也会用小王。虽然你们的能力差不多，但是你们给人的整体感觉不一样。小王平时行姿端正，步伐稳健有力，行走如风，显得沉稳、大方、干练，充满活力与自信；而你走路时总是弯腰驼背，给人一种缺乏活力且十分不自信的感觉。班主任让小王当代表，自然比让你当代表放心。”

探索与思考

小李与小王的不同在于哪里？这些与演讲有什么关系呢？

探索点拨

整洁的仪容仪表、得体的言谈、高雅的举止、良好的气质风度等，都是态势语的重要组成部分。而态势语是演讲基础技巧中较为重要的一项。

相关研究结果表明，人的感情表达由三个方面组成——55%的体态、38%的声调及7%的语气词。这说明了态势语对表达的重要性。演讲是一门艺术，一场生动的演讲取决于有声语言和态势语的有效配合。情感丰富的眼神、表情、姿态、手势可以极大地弥补有声语言的不足，使演讲更生动。

探索学习

一、演讲的有声语言

有声语言是演讲最基础、最重要的媒介，其基本要求如下：发音准确清晰、清亮圆润、富于变化，声音没有颤抖或飘忽不定的情况；字音纯正，完全符合普通话的发音标准；能够恰到好处地控制音量、音调和节奏的变化。

（一）音调

成功的演讲要求演讲者能根据表情达意的需要掌握音调高低升降的变化。一般情况下，演讲者可从声调、句调、重音三个方面训练对音调的变换。

1. 声调

扫一扫

声调

声调，又称“字调”，是音节高低、曲直、长短的变化形式。不同的声调可以改变音节所表示的意义，区别不同的字，如“shí shì（时事）”“shì shí（事实）”“shǐ shī（史诗）”“shì shì（逝世）”。此外，声调的高低起伏变化还可以增强演讲的节奏感和感染力，使演讲的有声语言具有抑扬顿挫的音调美。

声调按调值分为一声、二声、三声、四声（即阴平、阳平、上声、去声），简称“四声”。调值是指一个音节发音时音高的变化形式，一般采用五度标记法来标记，如图 2-1 所示。

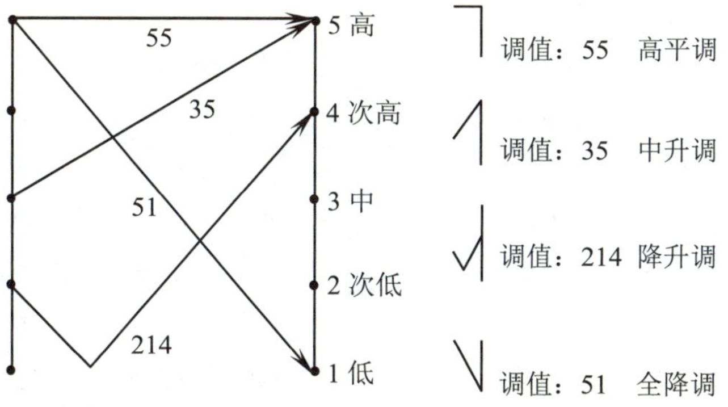

图 2-1　五度标记法

为了方便记忆，四种声调的发音特点可概括为“一声平二声扬，三声拐弯四声降”。但是，人们在说话或演讲时，并不是把一个个音节单独发出来，而是把它们组成一连串自然的语流。在语流中，由于相邻音节的相互影响或表达需要，有些音节的读音会发生一定变化，如轻声、变调、儿化等。

（1）轻声。有些音节在词语和句子中使用时，失去了原有声调，变得又轻又短，这种音变现象就是轻声。一般情况下，助词、方位词、叠音词的第二个音节、表示趋向和方位的词读轻声。

扫一扫

变调

（2）变调。变调是相邻音节相互影响而产生的音高变化。常见的变调主要有上声变调、“一”“不”变调等。变调后，语流听起来更为顺畅、自然。

（3）儿化音。儿化是指后缀“儿”与前一音节的韵母结合成一个音节，并使这个韵母带上卷舌音色的一种特殊的音变现象。儿化不仅是一种语音现象，它在区别词性、区别词义及在表达修辞色彩上都起着积极的作用。

（4）语气词“啊”的变调。由于受前一个音节末尾音素的影响，语气词“啊”会发生音变现象。在实际发音时，演讲者只需要将前一个音节顺势连读“a”即可。因为“啊”是轻声，又常在句子末尾，所以在发音时只要达到顺畅、自然即可。

口才知识窗

变调规律

一、上声变调

上声声调在单音节词中或在多音节词末尾、句子末尾时，调值不变，而在词语或在句子中间时，调值会发生变化。

（1）上声在非上声（阴平、阳平、去声、轻声）前面时，声调变为半上，调值由原来的 214 变为 21，只降不升。

在阴平前：	小说	xiǎo shuō	由 214+55 变为 21+55
在阳平前：	祖国	zǔ guó	由 214+35 变为 21+35
在去声前：	解放	jiě fàng	由 214+51 变为 21+51
在轻声前：	耳朵	ěr duo	由 214+4 变为 21+4

（2）上声在上声前面时，第一个上声声调变为阳平，调值由原来的 214 变为 35，由降升调变为中升调。

在上声前：领导　　lǐng dǎo　　由 214+214 变为 35+214

（3）三个上声字相连时，以三个字中哪两个字在语法上的联系较为紧密为标准，变调情况可分为以下两种。

① 当前两个上声字在语法上联系较为紧密时，这种词语结构被称为“双单”格式。这时，前两个上声声调变为阳平，调值由原来的 214 变为 35，由降升调变为中升调。

演讲稿　　yǎn jiǎng gǎo　　由 214+214+214 变为 35+35+214

② 当后两个上声字在语法上联系较为紧密时，这种词语结构被称为“单双”格式。这时，第一个上声声调变为半上，调值由原来的 214 变为 21，只降不升；第二个上声声调变为阳平，调值由原来的 214 变为 35，由降升调变为中升调。

小组长　　xiǎo zǔ zhǎng　　由 214+214+214 变为 21+35+214

（4）四个或更多个上声字相连时，应先根据语意或气息自然分节，然后根据语音的停顿情况改变音调，停顿前的上声声调变为半上，即最后一个上声不变，其他上声声调变为阳平。

请你/给我/打点儿/洗脸水。qǐng nǐ/gěi wǒ/dǎ diǎnr/xǐ liǎn shuǐ

（35+21/35+21/35+21/35+35+214）

二、“一”“不”变调

“一”的声调是阴平，在单音节词中、多音节词和句子末尾、表示时间及序数时，声调为本调；“不”的声调是去声，在单音节词中、多音节词和句子末尾，以及非去声前的声调为本调。

（1）“一”的变调。“一”在非去声前的声调为去声，调值由原来的 55 变为 51；在去声前的声调为阳平，调值由原来的 55 变为 35；在重叠动词当中的声调为轻声。

在阴平前：	一天 yì tiān	一边 yì biān	一生 yì shēng
在阳平前：	一年 yì nián	一群 yì qún	一条 yì tiáo
在上声前：	一本 yì běn	一朵 yì duǒ	一起 yì qǐ
在去声前：	一页 yí yè	一样 yí yàng	一道 yí dào

（2）“不”的变调。“不”在去声前的声调为阳平，调值由原来的 51 变为 35；在词语中的声调为轻声。

在去声前：	不便 bú biàn	不必 bú bì	不错 bú cuò

口才训练营

一、训练目标

通过四声调及变调训练，帮助学生熟练掌握不同声调的读法及技巧。

二、训练内容

学生自由分组，练习以下词语的读音。

（1）四声调训练。

春天花开	珍惜光阴	江山多娇	乡村医生	居安思危
闻名全球	弘扬文明	亭台楼阁	层层叠叠	轮船航行
有板有眼	尺有所短	稳妥处理	彼此理解	远景美好
意气用事	变幻莫测	办事效率	政治面貌	教育系列
中华有志	坚持改进	山明水秀	千锤百炼	光明磊落
破釜沉舟	调虎离山	弄巧成拙	信以为真	妙手回春

（2）轻声训练。

多么　耳朵　琢磨　本子　兄弟　乡下

（3）上声变调训练。

影响　也许　感慨　手写体　古典美　纸老虎

给你两碗炒米粉。　展览馆里有好几百种展览品。

（4）“一”“不”变调训练。

一路　一向　一岁　一处　不会　不见　不管　不想

读一读　数一数　看一看　想一想

去不去　　高不高　　怕不怕　　说不说

（5）儿化音训练。

花篮儿　　笔杆儿　　门槛儿　　差点儿　　瓜子儿　　人影儿

（6）“啊”的变调训练。

等你回家啊！　　他普通话说得真好啊！

这块石头真沉啊！　　那阵风刮得真猛啊！

三、训练评价

（1）能够正确掌握普通话的四种声调及变调。

（2）练习时要做到声音洪亮，发音准确，吐字清晰。

2. 句调

字有字调，句有句调。句调通常称为“语调”，是指语句的高、低、升、降。一般情况下，语调是贯穿整个句子的，只是在句末音节上表现得较为明显。根据表达的语气和情感态度的不同，语调可分为升调、降调、平调、曲调四种。

（1）升调。升调前低后高，语势上升，一般用来表示疑问、反问等语气。

当你在积雪初融的高原上走过，看见平坦的大地上傲然挺立这么一株或一排白杨树，难道你就只觉得它只是树？

——《白杨礼赞》

（2）降调。降调前高后低，语势下降，一般用于陈述句、感叹句、祈使句，表示肯定、坚决、赞美、祝福等情感态度。

为什么我的眼里常含泪水，因为我对这土地爱得深沉。

——《我爱这土地》

（3）平调。平调语势平稳舒缓，没有明显的升降变化，用于不带特殊感情的陈述和说明，还可表示庄严、悲痛、冷淡等感情色彩。

有的人活着，他已经死了；有的人死了，他还活着。

——《有的人》

（4）曲调。曲调是指全句声调弯曲，或先升后降，或先降后升，常用来表示讽刺、厌恶、嘲讽等语气。

这些海燕呀，享受不了战斗生活的欢乐，轰隆隆的雷声就把它们吓坏了。

——《海燕》

口才训练营

一、训练目标

通过朗诵《囚歌》，加强学生的语调处理能力。

二、训练内容

请学生分小组朗诵《囚歌》，并注意语调的处理。

囚歌

为人进出的门紧锁着，	（平调）（冷眼相看）
为狗爬走的洞敞开着，	（平调）（冷眼相看）
一个声音高叫着——	（曲调）（嘲讽）
爬出来吧，给你自由！	（曲调）（讽刺）
我渴望着自由，	（平调）（庄严）
但也深知道——	（平调）（一般叙述）
人的躯体哪能由狗的洞子爬出！	（升调）（蔑视、愤慨、反击）
我希望有一天，地下的烈火，	（平调）（语意未完）
将我连这活棺材一起烧掉，	（降调）（毫不犹豫）
我应该在烈火和热血中得到永生！	（降调）（沉着、坚毅）

三、训练评价

（1）感情真挚，语言形象，语调自然。

（2）准确把握作品内容，再现诗歌的思想情感。

3. 重音

重音是指演讲时特别强调或突出的字、词或短语的读音，一般通过增加声音的强度来体现。根据重音在语句中的位置，重音可分为以下十种。

（1）并列性重音，一般在段落、语句中有并列关系的词或短语时使用。并列关系在语句中通常用并列连词或顿号体现，在段落中通常以不分主次的一系列单句呈现。但并不是所有并列的词或短语都是并列性重音。在某些情况下，并列性停连（即属于同等位置、同等关系、同等样式的词语之间的停顿或连接）应与并列性重音同时使用，不可割裂。

漓江的水真静啊，静得让你感觉不到它在流动；漓江的水真清啊，清得可以看见江底的沙石；漓江的水真绿啊，绿得仿佛那是一块无瑕的翡翠。

（2）对比性重音，一般在对照结构明显的句子中使用，通过对两种或两种以上事物的比较，使事物的特征表现得更突出，形象更鲜明。但在对照式句子中，相比较的双方并不都是重音，有时只是把需要突出的内容定为重音。还有一种“隐含性对比重音”，即字面上虽然没有对比，但隐含着对比的意思，那么，隐含对比意思的事物也要强调。

（3）呼应性重音，一般在揭示上下文呼应关系，使文章层次清晰、结构完整时使用。呼应性重音可分为问答式呼应（重音在呼和应的主要词语上）和分合式呼应（重音在领起词和并列词上，并列词的重音往往同等重要）。呼应关系有一呼一应和一呼多应等情况。

如果说科研工作是探索真理、发现真理，那么教学工作可以说是说明真理、传播真理。

分析： 在这句话中，“科研”“教学”是领起句的重音，“探索”“发现”“说明”“传播”是分句的重音，都属于一呼两应。

（4）递进性重音，用于揭示语言链条的承继性，一般在后一个重音比前一个重音揭示更深一层的含义时使用。递进性重音一般出现在递进复句、条件复句、假设复句、反问句等句子中。常见的关联词有“不但……而且（还）……”“只要……就……”“……也……”“……又……”等。

实验工作不但需要准确的测量，而且需要准确的计算。

学习不仅需要正确的方法，还需要刻苦。

（5）转折性重音与递进性重音的语意方向是相反的，经常出现在转折复句中。常见的关联词有“虽然……但是”“……却……”等。转折性重音的表现形式分为轻转和重转。所谓“轻转”，是指转折程度不是很大；所谓“重转”，是指转折程度较大。

（6）肯定性重音。这里的“肯定”是做出明确判断的意思，包括以下两种情况：一是肯定“是什么”；二是肯定“是”还是“不是”。肯定性重音通常会和对比性重音、递进性重音、转折性重音结合使用。

（7）强调性重音，一般在突出某种感情时使用，主要是指因表达需要重读某些副词、时间数量词、物资数量词等。

专家就是专家。

我们是中国人，所以说中国话。

（8）比喻性重音，一般在以相似事物来比拟想要表达的事物时使用，以使表达更加鲜明生动。但并不是所有的比喻性词语都是语句的重点，不能将其都读作重音。

蓝天，蓝得有点发黑，白云就像银子做成的一样，像大花朵似的点缀在天上。

（9）拟声性重音，一般在语句中出现象声词时使用，但并不是所有的象声词都读重音。使用拟声性重音表达情感时重在达意，不必惟妙惟肖。

雨，哗哗地下个不停。

（10）反义性重音有“正话反说”“反话正说”两种，主要根据表达的态度是赞成还是反对进行区分。使用反义性重音时，演讲者要配合语气，不能一带而过，也不能过分着力。

狼总是不甘寂寞的，他在吃了小羊以后，还要表示自己是善良的。

你们把困难全都要走了，一点都不给我们剩，可真够“自私的”。

一般情况下，不同类型的重音可以交叉使用，且一个重音可能存在多种作用，这样才能使演讲的意图体现得更明晰、更充分。例如，呼应性重音可能是并列性重音、强调性重音或肯定性重音。演讲者只要能够将重音准确、恰当地表现出来，就能表达清楚语句的意思，从而使听众听明白。总而言之，演讲者应该围绕演讲的主题确定重音，进而在对内容理解和体会的基础上进行表达。

口才训练营

一、训练目标

通过按照不同的要求朗读语句，使学生领悟语句中的重音，并能够通过不同的重音表达方法进行朗读。

二、训练内容

（1）读出下面句子中的重音。

别逗啦，这是你能干好的事儿？

小明，你能不能快点？

这就是我——一个共产党员的自白。

（2）根据不同的表意要求，读出“你能干好吗”的重音。

表示随便问问。　　表示关切地问。

表示厉声反问。　　表示不屑一顾。

三、训练评价

（1）根据要求准确把握语句中的重音，并能准确读出。

（2）朗读时口齿清晰，感情自然。

（二）节奏

在演讲时，由一定思想感情的波澜起伏所造成的，在表达有关内容的过程中所体现的抑扬顿挫、轻重缓急的声音形式的回环往复，就是节奏。需要注意的是，从一个句子的音节划分上一般看不出节奏，只有通过停连将句子划分出若干音节后才能看出节奏。这样将多个句子的若干音节进行综合表现，形成回环往复之势，节奏便可以出来。

（1）轻快型节奏。轻快型节奏的语节（即句子中的停顿）少而词的密度大，多扬少抑，轻快而不凝重，多用来表示欢快、欣喜、愉悦、诙谐的情感。

从未见过开得这样盛的藤萝，只见一片辉煌的淡紫色，像一条瀑布，从空中垂下，不见其发端，也不见其终极，只是深深浅浅的紫，仿佛在流动，在欢笑，在不停地生长。紫色的大条幅上，泛着点点银光，就像迸溅的水花。仔细看时，才知那是每一朵紫花中的最浅淡的部分，在和阳光互相挑逗。

——《紫藤萝瀑布》

（2）凝重型节奏。凝重型节奏的语势较平稳，音强而有力，多抑少扬，语节多而词疏。

再也读不到传世的檄文，只剩下廊柱上龙飞凤舞的楹联。再也找不到慷慨的遗恨，只剩下几座既可凭吊也可休息的亭台。再也不去期待历史的震颤，只有凛然安坐着的万古湖山。

——《西湖梦》

（3）低沉型节奏。低沉型节奏的语势多为低潮类，句尾落点多显沉重，语节多而长，有较强的沉缓感。

天冷极了，下着雪，又快黑了。这是一年的最后一天——大年夜。在这又冷又黑的晚上，一个乖巧的小女孩，赤着脚在街上走着。

——《卖火柴的小女孩》

（4）高亢型节奏。高亢型节奏的语势多为起潮类，峰峰紧连，扬而更扬，基本语气趋于高昂。

暴风雨！暴风雨就要来啦！这是勇敢的海燕，在怒吼的大海上，在闪电中间，高傲地飞翔；这是胜利的预言家在叫喊：让暴风雨来得更猛烈些吧！

——《海燕》

（5）紧张型节奏。紧张型节奏多扬少抑，多轻少重，语节少而词的密度大，音短而气促。

我的狗慢慢向它靠近。忽然，从附近一棵树上飞下一只黑胸脯的老麻雀，像一颗石子似的落到狗的跟前。老麻雀全身倒竖着羽毛，惊恐万状，发出绝望、凄惨的叫声，接着向露出牙齿、大张着的狗嘴扑去。

——《麻雀》

（6）舒缓型节奏。舒缓型节奏的语调舒展自如，语节多连少顿，声音较高但不着力，多用来描绘幽静、淡雅的场景，表达平静、舒展的心情。

江南的山水是令人难忘的，缭绕于江南山水间的丝竹之音也是令人难忘的：在那烟雨滚滚的小巷深处，在那杨柳依依的春江渡口，在那黄叶萧萧的乡村野店，在那白雪飘飘的茶馆酒楼……谁知道，那每一根颤动的丝弦上，曾经留下多少生离死别的故事。

——《江南丝竹》

以上所举类型并未囊括语言现象中的所有节奏类型。事实上，演讲中的节奏是错综复杂的，往往表现出综合性节奏的特点。

（三）停顿

停顿是指讲话中语音的间歇。停顿在演讲中有调节气息、显示语气、突出重点的作用，与语意表达有着十分密切的关系。恰到好处的停顿，不仅可以使语句结构清楚、语意鲜明，增强语言的节奏感，加强语言的清晰度和表现力，还可以引起听众的注意和思考。一般情况下，停顿分为语法停顿、逻辑停顿、感情停顿、回味停顿、生理停顿五种基本类型。

1. 语法停顿

语法停顿是指依照标点符号所做的间歇。标点符号反映了句子之间、词语之间的语法关系。一般情况下，句子之间的停顿要长于句子内部的停顿；句号（包括句末的问号、感

叹号、省略号）的停顿长于分号和冒号的停顿；分号和冒号的停顿长于逗号的停顿，逗号的停顿长于顿号的停顿

难道他们/不想将母亲/从敌人手里救出来，/把母亲也装扮起来，/成为世界上/一个最出色、/最美丽、/最令人尊敬的母亲吗?

2. 逻辑停顿

逻辑停顿，又称“强调停顿”，是指为了强调某一事物或突出某一语意，在没有标点符号的地方所做的停顿。它由文章的思想内容、演讲者的主观意图决定。这种停顿有时与语法停顿一致，有时不一致。

那/就是白杨树，西北/极普通的一种树，然而实在是/不平凡的一种树。红的/像火/，粉的/像霞，白的/像雪。

口才训练营

一、训练目标

通过诗歌朗诵，使学生体会句子中的语法停顿和逻辑停顿。

二、训练内容

有感情地朗诵下面诗句。

越过/一张又一张/被撕掉的树叶标语，他们/来了！
越过/一个又一个/监狱的铁窗，他们/来了！
越过/一条又一条/报纸上的捏造消息，他们/来了！
越过/一滴又一滴/难忘的血泪，他们/来了！
为着/撕人心肺的/被窒息的/呻吟声，他们/来了！
为着/惨绝人寰的/最底层的/挣扎声，他们/来了！
为着/回响在/无数街道和炕头的/怒吼声，他们/来了！
那就是/冲破冰冻严寒的/春雷欢呼声：他们/来了！

三、训练评价

（1）准确把握语法停顿和逻辑停顿。

（2）正确读出相关停顿且有感情地朗诵诗歌。

3. 感情停顿

感情停顿是指为了突出某些感情而做出的停顿。这种停顿通常出现在语句中感情强烈的地方，如兴奋异常、悲痛欲绝、恼怒至极等。感情停顿往往需要配合使用重音、深呼吸或屏住气息等手段，以表现强烈的感情色彩。一般来说，感情停顿比语法停顿和逻辑停顿的时间要长一些。

你丢下自己的小外孙，把伤员背进防空洞，而当你再回去抢救小外孙的时候，//房子已经平了。

分析：在这句话中，“而当……的时候”后面多停顿一会儿，既可以表示不忍马上说出当时发生的不幸的事情，又能对听众的心理、感情产生一定的冲击。

小贴士

上述三种停顿既有区别又有联系，它们共同服从于表情达意的需要。其中，语法停顿使语言层次分明，语意明确；逻辑停顿使语言目的明确、表意充分；感情停顿使语言感情饱满，生命力强。如果说没有逻辑停顿的语言是文理不通的话，那么，没有感情停顿的语言则是无生命的语言。

4. 回味停顿

回味停顿是指在句尾所做的特意停顿。回味停顿可以留给听众一个思考、体会、揣摩的余地。在演讲中，演讲者如果能恰当运用回味停顿，则更容易调动听众的情绪，控制现场。

“朋友，如果让你选择一个你最喜欢的词，你选择哪一个呢？”您可能会选择“幸福”，也可能选择“生活”或者是“爱”……但是如果让我来选择，那我一定会选择//“责任”。

分析：在这句话中，“选择”之后做了一个较大的停顿，然后再说出“责任”。这种停顿能引起听众的揣摩，增强演讲者与听众之间的交流。

5. 生理停顿

生理停顿，又称“气息停顿”，就是在长句子中间合适的地方停顿，换换气。运用生理停顿时，演讲者一定要选好停顿的位置，既不能破坏语句的完整性，也不能影响语音的准确表达。一般来说，换气应在停顿较长的地方。

口才训练营

一、训练目标

通过绕口令对抗赛，培养学生的语感，锻炼学生的口才。

二、训练内容

将学生分成四个小组，每个小组选派两名成员参加绕口令对抗赛，看谁读得既准又快。

（1）刚往窗上糊字纸，你就隔着窗户撕字纸。第一次撕下横字纸，第二次撕下竖字纸，横竖两次撕了四十四张湿字纸。窗上没有纸，风吹满屋子。你就撕字纸，不是字纸你就不要撕一地纸。

（2）柳林镇有个六号楼，刘老六住在六号楼。有一天，来了牛老六，牵了六只猴；来了侯老六，拉了六头牛；来了仇老六，拎来六壶油；来了尤老六，背了六匹绸。牛老六、侯老六、仇老六、尤老六，住上刘老六的六号楼。牛老六的猴碰见了侯老六的牛，猴斗牛，撞倒了仇老六的油，油坏了尤老六的绸。牛老六帮仇老六收起油，侯老六帮尤老六洗掉绸上的油。

（3）司小四和史小世，四月十四日十四时四十上集市，司小四买了四十四斤四两西红柿，史小世买了十四斤四两细蚕丝。司小四要拿四十四斤四两西红柿换史小世十四斤四两细蚕丝。史小世十四斤四两细蚕丝不换司小四四十四斤四两西红柿。司小四说我四十四斤四两西红柿可以增加营养防近视，史小世说我十四斤四两细蚕丝可以织绸织缎又抽丝。

三、训练评价

（1）声音洪亮，表达清楚，普通话标准。

（2）发音清晰，表达流畅且没有咬舌头。

二、演讲的态势语

扫一扫

态势语的使用技巧

（一）态势语的作用

1．辅助强调作用

辅助强调是态势语的主要作用。态势语有时会比有声语言更明确、更具体、更具感染力。在演讲中，演讲者运用恰当的态势语，可以充分地抒发感情，动态地、直观地传递各种信息，增强听众对信息的理解。

2．替代补充作用

作为有声语言的重要补充，态势语可以将有声语言无法表达的微妙情感传递出来，从而起到表达思想、沟通情感的作用。在演讲中，演讲者通过身姿体态、举手投足，特别是面部表情等态势语，可以向听众传递各种信息，引起听众的注意，帮助听众理解自己想要表达的意思。

3．调控感染作用

演讲者除了运用有声语言调控整个演讲外，还可以借助态势语对演讲进行调控。在演讲中，演讲者恰到好处地运用体态、手势、表情、眼神等态势语传递信息，可以克服有声语言的沉闷、单调，从而达到感染听众、使其加深印象、调节演讲气氛的目的。

（二）态势语的要求

1．得体

所谓得体，是指演讲者在运用态势语时，既要与自己的言语情态相协调，也要与演讲的场合、环境、氛围相一致，还要与演讲目的及听众的年龄、身份等相符合。

2．自然

所谓自然，是指演讲者在运用态势语时，要情随意生、自然大方，将内在情感自然外化，而不是装腔作势、矫揉造作或生搬硬套、机械模仿。需要注意的是，自然并不等于随意，而要受演讲目的和内容的制约。

3. 适度

所谓适度，是指演讲者在运用态势语时，要有“限度”，把握分寸。态势语的运用幅度、力度、频率等均要受有声语言的制约，动作力度要适中，频率不宜过高，幅度不宜过分夸张，形式不宜复杂，要有助于有声语言的表达，而不要喧宾夺主。

4. 和谐

所谓和谐，是指演讲者在运用态势语时，要与有声语言的内容、语调、节奏等相协调，要与自己或听众的心态、情感相吻合，也要与演讲语境相适应，还要与演讲目的相统一。

（三）态势语的训练

演讲者的体态、精神风貌、举止、表情都应给听众以协调、平衡之美感，从语言、气质、神态、感情、意志、气魄等方面充分地表现出自己的特点。演讲的态势语一般包括身姿语、手势语、表情语和目光语。

1. 身姿语

身姿语是指通过身体的姿态来传递信息和交流情感的一种态势语，包括站姿、行姿、坐姿等。正确、优美的身姿语可以体现演讲者的基本素质。

（1）站姿。演讲时，演讲者一般采用站姿，包括前进式、稍息式、自然式等。无论采用哪一种站姿，演讲者都要头端、颈直、肩平、腰挺、身正，上身略微前倾，给人以亲切、自信的感觉。

（2）行姿。行姿是指一个人在行走时的具体姿态。良好的行姿应是身体直立、收腹直腰，两眼平视前方，双肩平稳，双臂在身体两侧自然摆动，脚尖微向外或向正前方伸出，步幅均匀，两脚之间相距约一只脚到一只半脚，步伐稳健，步履自然。演讲者在行走时，应当掌握正确的行姿，身体协调，姿态优美，步伐从容，步态平稳，步幅适中，步速均匀，切忌慌慌张张、摇摇晃晃、拖拖沓沓。

（3）坐姿。坐姿是一种静态的姿势，适用于一些时间较长的演讲。良好的坐姿应是头部端正而自然，双目平视，双肩平稳放松，腰背挺直，双臂自然摆放，两腿并拢，双脚自然着地。演讲者保持坐姿时，应注意动作的优雅，切忌肩膀歪斜、半躺半坐、两手交叉在胸前、跷二郎腿或后勾脚等不良姿势。

口才互动吧

教师挑选几位同学先从座位上走上讲台并站定，说几句简短的话（具体内容不限），然后走回座位坐下。教师和其他同学对其站姿、行姿和坐姿进行点评。

2. 手势语

手势语是态势语中最重要的部分，是通过手指、手掌和手臂的变化来传递信息和交流情感的一种态势语。在演讲中，自然而安稳的手势，可以帮助演讲者平静地说明问题；急剧而有力的手势，可以帮助演讲者升华感情；稳妥而含蓄的手势，可以帮助演讲者表明心迹。手势语表达的含义相当丰富，大致可以分为指示手势、模拟手势、抒情手势和习惯手势四类。

（1）指示手势。指示手势是指用手势指示具体、真实的形象，可分为实指和虚指两大类。实指是指演讲者确指在场的人或方向，且均在现场听众的视线内，如“我”“你们”“这边”“上面”“这些”“这一个”等。虚指是指演讲者和现场听众不能看到的，如“在很久很久以前”“在遥远的地方”“他的”“那时”“后面”等。指示手势比较明了，不带感情色彩。

（2）模拟手势。模拟手势是指用手势描述形状，其特点是“求神似，不求形似”。例如，用双手托举，把压力虚拟成一个“大山”。模拟手势信息含量大，能够升华感情，有一定的夸张色彩。

（3）抒情手势。抒情手势是一种表达强烈感情的手势，在演讲中运用频率最高。常用的抒情手势有兴奋时拍手称快、恼怒时挥舞拳头、急躁时双手相搓、果断时猛力砍下等。

（4）习惯手势。任何一位演讲者都有一些只有自己才有而别人没有的习惯性手势，且手势的含义不固定，会因演讲内容的不同而体现不同的含义。

不论哪种类型的手势语，均应贵在自然，切忌做作；贵在协调，切忌脱节；贵在精简，切忌泛滥；贵在变化，切忌死板。

3. 表情语

表情语是指通过面部表情来传递信息和交流情感的一种态势语。面部表情包括面部肌肉、眉、唇等的变化，它能把演讲者复杂变化的内心活动像镜子一样反映出来，使听众通过这个“情感晴雨表”读懂演讲者的情感世界。演讲者应善于通过自己的面部表情，与听众构筑起交流思想感情的桥梁。

（1）调整表情和情绪。丰富的面部表情背后隐藏着复杂的思想情绪。演讲者根据演讲的内容要求、感情节奏，综合运用面部表情，可以使演讲充满真情，动人真挚。需要注意的是，面部表情应随着演讲内容和演讲者的情绪发展而变化，既要顺乎自然，又要与演讲内容合拍；既不要僵硬木讷，影响演讲的感染力和吸引力；也不要故作姿态，使听众感到虚假或滑稽，降低对演讲者的信任，影响演讲效果。

（2）面带微笑。在演讲中，面带微笑不仅有助于演讲者与听众建立融洽的关系，消除听众的抵触情绪，还有助于演讲的顺利进行，演讲目的的实现。但是，演讲者在使用自己的“笑容”表达内容、感染听众时，要随演讲内容、演讲感情的变化做出相应的调整，该笑则笑，不该笑则止。演讲者在演讲中也不能从头到尾一直微笑，否则会让听众觉得虚假，没有感情。尤其是在表达悲痛、痛苦、愤怒、失望、讨厌、懊悔等负面情绪时，更不能微笑。

4. 目光语

目光语是指通过眼神来传递信息和交流情感的一种态势语。在演讲中，演讲者可以根据需要恰当地运用各种眼神来辅助有声语言的表达。

不同的眼神通常具有不同的含义或功能，如正视表示庄重、诚恳，斜视表示轻蔑，环视表示与听众交流，点视具有针对性和示意性，仰视表示崇敬或傲慢，俯视表示关心或忧伤，凝视表示专注，漠视表示冷漠，等等。通常，演讲者调整目光视点的方法主要有以下几种。

（1）环视法。在演讲时，演讲者可以有节奏或周期性地把视线从听众的左方扫到右方或从右方扫到左方，从前排扫到后排或从后排扫到前排；视线每流转一次，都会呈现弧形路径，然后又构成一个环形路径。使用环视法时，演讲者要注意视线流转中间的过渡。这种方法主要用于感情浓烈、场地较大的演讲。

（2）仰视法和俯视法。在演讲时，演讲者不要总平视听众，可以根据演讲内容的变化运用仰视法或俯视法。例如，视线下移表示爱护、怜悯和宽容；视线上移表示尊敬、思索和回忆。

（3）前视法。在演讲时，演讲者可大致以听众席的中心为圆心，用视线以弧形路径向远处流转，直到视线落到最后一排听众的头顶上。演讲者在按照语句节奏移动视线时，要顾及坐在偏僻角落的听众。

（4）扫视法。在演讲时，演讲者可以用“Z”形或“S”形视线扫视全场。这种方法在演讲中用得比较多。

（5）闭目法。在演讲中，演讲者如果讲到使全场听众的情绪极度紧张、悲痛，心情难以平静时，可以运用闭目法，如讲到英雄人物英勇就义、壮烈牺牲时。

小贴士

目光语往往需要根据演讲内容的需要，随着演讲者的感情节奏变化，配合有声语言、手势语、身姿语等运用。

三、演讲的空间距离

（一）空间距离的选择

演讲是一种社会交往活动，因此多在社交空间中进行。演讲者可根据演讲环境、演讲内容和演讲感情灵活地调节与听众的距离，充分利用空间因素，帮助自己更好地发挥。例如，场地大、听众多、内容明朗、感情激烈，可离听众远一些；场地小、听众少、内容含蓄、感情平稳，可离听众近一些。

口才加油站

一位专家的演讲

一位专家曾应邀到某大学演讲，年龄悬殊、地位迥异、阅历差异及生活习惯等诸多方面的不同决定了他与学生之间的心理距离有些遥远。因此，缩短与学生的心理距离、取得学生的情感认同是这次演讲成功的根本点。专家是这样开始他的演讲的：

“同学们，请大家往前挪几步，我想离大家近一点，好吗？”

亲切的话语、含笑的表情得到了学生的敬重，学生心里为之一热，向前走了几步。

“请大家面带微笑，因为我们将面对的是一个光辉灿烂的明天。”

带有哲理的调侃不仅缩短了专家与学生的交往距离，更拉近了彼此的心理距离。

资料来源：道客巴巴，有改动

（二）麦克风的把握

在一些较大的场地中演讲，演讲者需要提高音量，这时就可以充分利用麦克风为自己服务。

在演讲中使用麦克风时，演讲者最好将麦克风放置在话筒架上，低于嘴唇，且与嘴呈45度，这样可以保证自己空出双手，随时根据演讲内容做出相应的手势语。此外，演讲者还应根据场地的大小、麦克风的性能、听众的情绪等情况，灵活调整嘴巴与麦克风的距离。

如果出现不得不手握麦克风的情况时，演讲者不要把麦克风握得太紧，避免导致手部颤动，让听众误以为自己比较紧张。在换手时，演讲者的相关动作也一定要配合好。

口才训练营

一、训练目标

通过小型演讲，使学生进一步掌握演讲的态势语与空间距离。

二、训练内容

以“这就是我”为题目，先向全班同学介绍自己，然后说一件令自己最高兴，或者最伤心，或者最尴尬，或者最气愤的事。演讲时间不少于3分钟，且演讲中必须有2～4个富有个性的手势。

三、训练评价

（1）声音、表情与所讲内容相吻合。

（2）姿态自然，动作适度，距离适中。

四、演讲的语言表达

（一）运用修辞手法

演讲中的修辞手法有很多种，常用的有比喻、排比、设问、反问和反复等。修辞手法的恰当运用，能对演讲起到很好的烘托作用。

1. 比喻

比喻就是打比方，即以彼物比此物。演讲者在演讲中要表达某一事物或道理时，运用贴切的联想或想象，引用另一种事物或道理，化难为易，可以把要表达的事物或道理反映得更加具体、贴切、生动和富有感染力，同时使自己的演讲内容更具说服力，使听众听得明白。

作为未来教师的我，没有太高的奢望——只求用知识的雨露去浇灌幼苗。像红烛，将全部心血化为光焰，去照亮青少年一代美好的心灵；像春蚕，为谋求人类的幸福，吐尽最后一口丝。

分析：演讲者把传授知识比喻成用雨露去浇灌幼苗，把教师比喻成红烛、春蚕，十分贴切地赞美了人民教师的伟大奉献精神，表达了对人民教师无比崇敬的情怀。

口才加油站

惠子答梁王

有人对梁王说："惠子这个人说话善于打比方。假若大王您不让他打比方，惠子就没法说话了。"

于是，梁王对惠子说："希望你今后说话时不要再打比方了。"

惠子回答说："假若有个人不知道'弹'为何物，您告诉他弹就是'弹'，他能明白吗？"

梁王说："当然不明白了。"

惠子说："我要把我知道的事物告诉不知道这事物的人们，您说不打比方行吗？"

梁王说："不打比方是不行的。"

这个故事中，本来是梁王不让惠子再打比方，可是惠子悄悄地打了一个比方，成功说服了梁王。

资料来源：道客巴巴，有改动

2. 排比

排比一般是由三个或三个以上结构相同或相似、内容密切关联、语气一致的词组或语句排列而成，用以表达同一范围、同一性质的事物，以增强语势。排比既可以用来铺陈描述，也可以用来议论说明，还可以用来抒发情怀，使演讲语势增强、条理清楚，更具节奏感和旋律美，从而提高演讲的说服力和感染力。

徒有万般“美鱼”心，而无一丝“结网”意，结果定会一事无成。这道理虽然浅显，但不是每个人都能认识到的。有的人希望成为“发明大王”，却畏于钻研科学知识之难；有的人希望成为“音乐巨匠”，却惰于在五线谱的田地上埋首耕耘；有的人希望成为体育明星，却怠于“闻鸡起舞”进行训练。如此心怀鸿鹄之志，而身属燕雀之行，连一条小小的鱼都捉不到，更何况要实现那恢宏的大志呢！

3．设问

演讲者有时为了强调自己的某一观点，或者为了启发听众思考，或者为了抓住听众的注意力，故意先提出一个问题，然后自己做出回答，这种无疑而问、自问自答的修辞方式就是设问。

是什么，来得悄无声息，走得不留痕迹，却激起所有色彩的轻舞飞扬？
是什么，走得不留痕迹，来得悄无声息，可留下穿越一季的倾情歌唱？
是什么，轻轻地来了，又悄悄地走了，在收获的季节留下飘垂的金黄？
是什么，悄悄地走了，又轻轻地来了，为沉寂的大地纺出洁白的梦想？
哲人对着蓝天微笑：“是时间。”
孩童握着风筝拍手：“是风。”
流浪者说：“什么都不是，只是一个梦。”

4．反问

反问是用疑问的形式表达肯定的意思，但比一般的肯定感情更强烈，更具有说服力。在演讲中，反问能够加强语势，把原来确定的意思表达得更加鲜明且不容置辩，不仅能够使听众集中注意力，给他们留下深刻的印象，还能够唤起听众的想象和激情，比正面表达产生更大的力量。

> **话有引力**
>
> **如欲说服人，最好的方法就是举出例证反问之，它远比正面辩驳有更大的说服力。**
>
> **——戴尔·卡耐基**

5．反复

反复是指为了增强语言表达效果，使同一语句重复出现在演讲内容中。在演讲中，反复的修辞手法能渲染感情，突出重点。反复有连续反复和隔离反复两种形式。

诸位，时间不早了，醒一醒！醒一醒！

分析：这两个“醒一醒！”是连续反复，渲染了时间的紧迫感，催人奋起。

我们需要的不是光，而是火；不是毛毛雨，而是大雷雨。我们需要暴风雨，需要旋风，需要地震。

分析：这里使用的两个“不是……而是……”是隔离反复，起到强调的作用，表达了演讲者强烈的感情。

口才互动吧

亲爱的同学，你想成为一名能征善战的勇士吗？到军校去！年轻的战友，你想成为一名叱咤风云的将军吗？到军校去！敬爱的首长，你想把握未来战争的脉搏吗？到军校去！

——《到军校去》

……从地质队诞生的那一天起，“献身地质光荣，找矿立功光荣，艰苦奋斗光荣”就与地质队员融为一体，谱写了一曲动人的凯歌……我相信，只有那些曾经或正在致力于献身地质这项伟大事业的人们，才会有那么一种冲动、一种自豪、一种喜悦、一种激情——如大海翻腾、如群山呼啸、如岩浆喷发、如涓涓溪水……

——《镶嵌彩灯的女性》

说一说上述演讲内容使用了什么修辞手法？起到了什么效果？

（二）使用幽默语言

是否具有幽默感，能否充分发挥幽默的力量，是衡量演讲水平、构成演讲风格的重要标志。

1. 恰当使用幽默的表现方法

幽默的表现方法有拟人、夸张、讽喻、仿拟、反射等。

（1）用拟人表现幽默。拟人是把事物人格化，使其具备人的一些动作和感情。

南唐时，苛税繁重，民不聊生。恰逢京城大旱，皇帝问群臣道：“外地都下了雨，为什么京城不下？”大臣申渐高说：“因为雨怕抽税，所以不敢入京城。”皇帝听后大笑，并决定减轻赋税。

分析：申渐高巧借话题，把“雨”拟人化，从而委婉地道出了“税收繁重，令人生畏”的意思，机智地讽谏孝高皇帝减税，并取得了预期的效果。

（2）用夸张表现幽默。夸张即言过其实，是日常语言中常见的一种修辞手法。

一天，两个不同国家的人在吹牛。一个人说：“我们国家的桥很高，人从上面跳下去，十分钟才落入水中摔死。”另一个人说：“那算不了什么。在我们国家，人从桥上跳下，没到底就饿死了。”

（3）用讽喻表现幽默。所谓讽喻，是指用富有机智和幽默情趣并寄予深刻哲理的虚构故事来阐明某种道理。

某单位组织退休老干部乘大客车外出旅游，他们上车时你谦我让，耽误了不少时间。开车后，一位老同志朗声打趣道：“我给大家讲个故事助助兴。从前有一位妇女，怀孕 10 年才生下一对双胞胎。大家问这双胞胎为何迟迟不肯面世，他们说，根据礼节，年长位尊者应该先行，但他们两个不知谁是兄长，就这样互相推让了10年，把出来的事给耽搁了。”这番话引得车上的老干部们面面相觑，继而哄堂大笑。

（4）用仿拟表现幽默。仿拟是故意模仿已有的固定语言形式来叙述的一种表达方式。其主要特点是套用现有的词、句、篇等来揭示所描述事物的内在矛盾，创造出新的意境。

苏轼有位姓刘的朋友，因晚年患病，鬓发、眉毛尽皆脱落，鼻梁也快断了。一天，苏轼同许多朋友相聚饮酒，刘某建议大家各引古人语嬉戏。苏轼对着刘某说：“大风起兮眉飞扬，安得壮士兮守鼻梁？”引得满座大笑。苏轼仿的是汉高祖刘邦的《大风歌》：“大风起兮云飞扬，威加海内兮归故乡。安得猛士兮守四方”的首尾两句，两相对照，趣味盎然。

（5）用反射表现幽默。反射是现场套用对方的话语来戏谑、反驳对方，是一种语言回归，目的是以其人之道还治其人之身。

小明放学回家，把成绩单交给爸爸。爸爸一看有两门功课不及格，就冲着小明怒气冲冲地喊道：“你知道吗？爷爷在你这个年龄时是全校最优秀的学生。”小明不慌不忙地回答：“你知道吗？爸爸，爷爷在你这个年龄时已经是专家了。”

2. 把握幽默的时间和节奏

演讲者在演讲中恰当地使用幽默，既可活跃现场气氛、振奋听众精神，又能增强演讲的吸引力和感染力。但是，演讲者应把握好幽默的时间和节奏。

话有引力

题材有出色和平庸之别，但我知道如何通过时间的控制，使普通的笑话变成很棒的笑话。

——鲍伯·霍普

使用幽默之前，演讲者应不动声色，不做解释，悄然进入，以造成意想不到的效果。制造悬念之后，渲染要充分，与反转部分形成强烈的反差，反差越大，效果越好。在渲染之后，反转之前，要有停顿。停顿的时间要把握好，达到足以使听众产生强烈的期待感为最佳。

相传，明朝才子唐伯虎应邀出席一位朋友母亲的寿宴，席间泼墨挥毫，画了一张《蟠桃献寿图》献给老太太。主宾皆喜，众人再请他即兴赋诗。唐伯虎张口就是一句：“这个婆娘不是人。”话一出口，举座皆惊，主人满脸怒色，在气氛异常紧张之际，他不慌不忙接下一句：“九天仙女下凡尘。”全场转怒为喜，老太太更是乐不可支。可唐伯虎又来了一句：“生的儿子都是贼。”大家又愣住了，怎么能这样说呢？老太太眼看要发作了，“偷来蟠桃献母亲。”唐伯虎最后一句一出口，大家绝口称赞，老太太也开怀大笑。

小贴士

在演讲中，演讲者运用幽默时应注意场合和内容，掌握分寸，切忌适得其反。例如，对于肃穆、隆重的演讲，一般不使用幽默，以免冲淡严肃、庄重的气氛。

口才互动吧

互联网企业的高管们在新品发布演讲或跨年演讲中都喜欢穿插很多段子，这些段子能起到什么样的效果？

视野纵横

汉语“出口”：蕴蓄中华文化走向世界的力量

如果说“咖啡”“柠檬”“摩托车”“芭蕾舞”等外来词的“进口”丰富了汉语的表达，为汉语带来一抹异域色彩；那么英语中由来已久的“litchi（荔枝）”“typhoon（台风）”“ginseng（人参）”“yinyang（阴阳）”则见证了汉语走向国际的进程。《牛津英语词典》甚至还收录了“add oil（加油）”“long time no see（好久不见）”等具有明显汉语思维方式和表达习惯的“中式英语”。据全球语言监测机构提供的数据，在1994年以来加入国际英语行列的词汇中，“中式英语”贡献了5%至20%，超过任何其他来源。

汉语词汇的大量“出口”，是时代场景变迁的映射，是中西方文化碰撞的见证，为世界了解中国开启了一扇窗户，也为中华文化走向世界舞台蕴蓄了深沉而坚定的力量。英语中“进口”词汇的意义，既有反映东方古国的“奇珍异物”，也有现代文明的新近出品；既有关于民俗、生活、价值观念的词语，也有记录政治制度、社会热点的词语。

以茶为例，作为中国著名的特产，茶流传到英国后大受欢迎。英国人不仅关心制茶的工艺，还关注茶的品类和来源。英语中有关“茶”的单词就多达十余个，如Pu-erh（普洱茶）、Bohea（武夷茶）、congou（工夫茶）、hyson（熙春茶）、oolong（乌龙茶）、pekoe（白毫茶）、souchong（小种茶）、Twankay（屯溪茶）等。这些均反映出了古代繁荣的茶文化中所包含的中华民族悠久的文明。

改革开放以来，中国在经济、科技、文化、社会等方面所取得的成就引起了全世界的关注。像renminbi（人民币）、gaotie（高铁）、putonghua（普通话）等，成为中国时代变迁的见证，展示出一个经济发展、科技崛起、文明有序的中国。

无论是作为东方文明的代表，还是作为高速发展的现代化大国，中国都为世界所瞩目。英语中的汉源词语，记载了古老的中华文明，也记录着日新月异的现代中国。尽管汉英两种语言分属不同的体系，但“越是民族的，就越是世界的”，那些展现中国特色、展示中华文化魅力的词语，一定会在中外语言与文化的交流中发挥巨大的作用，让世界了解中国，让中国走向世界。汉语“出口”，出口的是语言，更是中国文化走出去的通道。

资料来源：光明日报，有改动

探索提高

一、填空题

1. 一般来说，演讲者应具备的心理素质主要有自信心、__________和成功欲。
2. __________是指个体在思维活动中智力特征的体现，是思维能力的具体表现形式。
3. __________是音节高低、曲直、长短的变化形式。
4. __________是态势语的主要作用。
5. 幽默的表现方法有拟人、__________、讽喻、仿拟、__________等。

二、不定项选择题

1. 下列各项中，说法不正确的是（　　）。
   A. 诚恳、温和且谦逊的说话态度能够调动听众的积极情绪
   B. 面对不同的对象，演讲者可以采用相同的表达方式
   C. 口语运用要“话循境发、话随境迁”
   D. 规范是指演讲者的表达要符合语言规范和逻辑规范
2. 常见的思维方式包括（　　）。
   A. 发散思维　　B. 集中思维
   C. 正向思维　　D. 逆向思维
3. 在演讲过程中，演讲者如果发现听众不想听，应（　　）。
   A. 按照自己的演讲稿继续演讲
   B. 变换话题，穿插趣事
   C. 了解听众的兴趣，融入听众
   D. 设置悬念，调动听众的好奇心
4. （　　）是指演讲时特别强调或突出的字、词或短语的读音，一般通过增加声音的强度来体现。
   A. 重音　　B. 字调　　C. 节奏　　D. 音调

5．在读句子“父亲要走大路，大路平顺；孩子要走小路，小路有意思”时，合理的停顿方式是（　　）。

A．父亲要/走大路，大路平顺；孩子要/走小路，小路有意思

B．父亲要走/大路，大路/平顺；孩子要走/小路，小路/有意思

C．父亲/要走大路，大路/平顺；孩子/要走小路，小路/有意思

D．父亲要走大/路，大路平顺；孩子要走小/路，小路有意思

6．态势语的要求包括（　　）。

A．得体　　B．自然　　C．适度　　D．和谐

7．下列各项中，说法正确的有（　　）。

A．场地大、听众多、内容明朗、感情激烈的演讲，演讲者可离听众远一些

B．场地小、听众少、内容含蓄、感情平稳的演讲，演讲者可离听众近一些

C．麦克风最好放置在话筒架上，高于演讲者的嘴唇，且与嘴呈 45 度

D．需要手握麦克风时，演讲者要紧握麦克风

8．下列各项中，说法不正确的是（　　）。

A．点视表示与听众交流，环视具有针对性和示意性

B．一些时间较长的演讲，可采用坐姿完成

C．面部表情应随着演讲内容和演讲者的情绪发展而变化

D．在演讲中，演讲者可以随时使用幽默的语言进行表达

三、简答题

1．演讲者的临场应变能力表现在哪些方面？

2．手势语是什么？有什么类型？

3．演讲者调整目光视点的方法有哪几种？

4．简述演讲语言表达中常用的修辞手法。

四、案例分析题

在一次演讲比赛中，一位选手走上讲台并在黑板上写下一道醒目的标题——论坚守岗位，写完后便走下讲台，扬长而去。顿时，全场哗然，大家莫名其妙，台下不断传来焦急、气恼、猜测、议论的声音。大约过了两分钟，该选手再次登台，情感饱满、诚挚而郑重地说：“同志们，如果我在演讲时离开是不能被容忍的话，那么工作时间玩忽职守，擅离工作岗位，难道不应该受到谴责吗？我的演讲完了。”

问题：这位演讲者采用的特殊停顿法效果好吗？为什么？

实战演练——爱国诗词朗诵大赛

传承红色基因，赓续红色血脉

【任务背景】

爱国，是一个永恒的主题。作为新时代青年，寻找历史的足迹，弘扬爱国情怀是我们的使命。从古至今，脍炙人口的爱国诗词一直都是人们传颂的经典。

【任务目标】

通过搜集、朗诵爱国诗词，学生不仅要掌握演讲的基本功及基础技巧，积极训练自己的发音及有感情的朗诵节奏，了解中国精神的传承与价值；还应自觉培养以爱国主义为核心的民族精神，增强民族自尊心和自豪感，做忠诚的爱国者。

【任务实施】

组织形式	小组任务
任务分组	根据班级人数，将学生分为若干个小组，每组 4～6 人
任务准备	（1）推选主持人。全班学生推选一名活动能力强、具有一定主持经验的同学担任朗诵活动的主持人。 （2）推荐或提供诗词名单。教师准备近代革命时期及现当代的爱国诗词名单，供学生自由选择；学生亦可原创爱国诗词。 （3）确定朗诵内容。小组根据诗词名单，自由选择一首诗词并进行朗诵练习。 （4）推选小组代表。各组成员推选一名或两名语言表达和情感表达能力强的同学作为朗诵代表。 （5）邀请评委和点评教师。活动开始前，学生邀请辅导员、其他任课教师 1～3 名担任评委和点评教师
实施流程	（1）明确朗诵活动规则。主持人明确朗诵内容（与爱国主义有关）、朗诵时间（以 3～5 分钟为宜）、评分规则等。 （2）开展朗诵活动。主持人简要介绍各朗诵者的基本情况，以及诗词的作者和题目，并按一定顺序组织各朗诵者上台朗诵。 （3）评委打分。 （4）评委点评。 （5）主持人统计分数并宣布结果

探索学习评价

指导教师根据学生的探索学习情况对其进行评价，学生配合指导老师共同完成如表 2-1 所示的探索学习评价表。

表 2-1　探索学习评价表

班级		组号		日期		
姓名		学号		指导教师		
项目名称	掌握必备技能，登上魅力舞台——演讲技能提升					
评价维度	一级指标	二级指标	评价标准	分值	评分	
					自评	师评
知识 20%	重难点知识		对演讲的基本功和基础技巧有较为深入的了解	8		
			掌握演讲的基本功和基础技巧	12		
能力 30%	自主学习能力	梳理能力	梳理演讲的基本功和基础技巧，并能够选用恰当的方式提高自己的演讲基本功和基础技巧	6		
		领悟能力	感受演讲的基本功和基础技巧，并能够熟练运用演讲的有声语言、态势语、空间距离、语言表达完成当众演讲	6		
	信息检索能力		能够灵活利用各种渠道搜集相关资料	6		
	实践创新能力		能够独立分析问题并提出解决问题的新方法	6		
			能够找到创新的思路和方向，确保创新活动沿着正确的方向前进	6		
素质 20%	课堂表现	纪律意识	遵守课堂纪律，认真完成课堂与课后作业	4		
		互动意识	积极发言，完成课堂互动	4		
		改进意识	勤于思考，善于总结	4		
	实践活动	仪容仪表	大方得体，把握分寸	4		
		团队精神	尊师爱友，积极合作，团结奋进	4		

（续表）

评价维度	一级指标	二级指标	评价标准	分值	评分	
					自评	师评
活动 30%	登台朗诵	有声语言	语速恰当、声音响亮，表达自然流畅，正确把握诗歌节奏	10		
		态势语	姿势自然得体、庄重大方，舞台效果好	10		
		综合表现	充满自信，朗诵富有激情和表现力	10		
合计				100		
总评	互评（30%）+师评（70%）=					
教师评语				教师（签名）：		

探索学习笔记

探索学习要点与难点

已解决的问题及解决方法

待（未）解决的问题

探索学习体会与收获

项目三

激发无限可能，练就卓越口才——演讲技巧训练

项目导读

未来社会的发展对人才有一个共同的要求，即要善于说话。“能言善辩”是一个人增强竞争力的重要工具。演讲作为一门语言艺术，既是宣传和动员群众的一种手段，又是阐明观点、发表见解的一种手段，还是锻炼口才、提高素质的一种手段，是个人通向未来成功的重要法宝。本项目从命题演讲、即兴演讲和辩论演讲三个方面介绍了如何运用各种演讲技巧，练就卓越口才。

学习目标

素质目标 SUZHI MUBIAO

（1）注重理论联系实际，坚持学以致用。

（2）善于从优秀的中华传统文化、社会主义建设中涌现的各类典型人物及事件中寻找资料，构建自己的演讲内容，并树立创新意识。

（3）自觉对社会上的不恰当行为、不和谐声音进行澄清，弘扬社会正气。

知识目标 ZHISHI MUBIAO

（1）了解命题演讲、即兴演讲、辩论演讲的基础知识。

（2）掌握命题演讲、即兴演讲、辩论演讲的相关技巧。

能力目标 NENGLI MUBIAO

（1）能熟练运用相关演讲技巧，完成当众演讲。

（2）能灵活运用辩论技巧参加辩论活动，提高针锋相对折服度。

探索一　训练命题演讲

学习清单

每完成一项学习任务，就在对应的方框中打一个钩。

课前预习	□	预习课本知识，了解命题演讲的相关技巧
	□	观看相关演讲视频，感受演讲者的技巧处理方法
	□	与同学交流，说说自己对命题演讲技巧的认识
课中学习	□	掌握命题演讲的选题，演讲稿的标题、开头、主体及结尾的写作方法
	□	掌握命题演讲的相关技巧
实践练习	□	通过设计演讲稿开场白和结尾，练习演讲稿的撰写技巧
	□	通过当众进行命题演讲，恰当运用演讲相关技巧
课后复习	□	选择自己喜欢的演讲主题，并按所学内容撰写一定字数以上、主题鲜明、结构合理、语言优美的演讲稿
	□	积极参加班级或学校组织的演讲比赛，将理论用于实践中

口才初探

奔涌吧，后浪！

那些口口声声“一代不如一代”的人，应该看看你们，像我一样，我看着你们，满怀羡慕。

人类积攒了几千年的财富，所有的知识、见识、智慧和艺术像是专门为你们准备的礼物，科技繁荣，文化繁茂，城市繁华，现代文明的成果被层层打开，可以尽情地享用。

扫一扫

奔涌吧，后浪！

自由学习一门语言，学习一门手艺，欣赏一部电影，去遥远的地方旅行。很多人，从小你们就在自由探索自己的兴趣。很多人，在童年就进入了不惑之年，不惑于自己喜欢什么、不喜欢什么。

人与人之间的壁垒被打破。你们只凭相同的爱好，就能结交千万个值得干杯的朋友。你们拥有了我们曾经梦寐以求的权利，选择的权利。你所热爱的，就是你的生活。你们有幸，遇见这样的时代。但时代更有幸，遇见这样的你们。

我看着你们，满怀敬意。

向你们的专业态度致敬。你们正在把传统的变成现代的，把经典的变成流行的，把学术的变成大众的，把民族的变成世界的。你们把自己的热爱，变成了一个和成千上万的人，分享快乐的事业。

向你们的自信致敬。弱小的人才习惯嘲讽与否定，而内心强大的人从不吝啬赞美与鼓励。

向你们的大气致敬。小人同而不和，君子美美与共，和而不同。更年轻的身体容得下，更多元的文化、审美和价值观。

有一天我终于发现，不只是我们在教你们如何生活，你们也在启发我们怎样去更好地生活。

那些抱怨“一代不如一代的人”，应该看看你们，就像我一样。我看着你们，满怀感激。

因为你们，这个世界会更喜欢中国。因为一个国家最好看的风景，就是这个国家的年轻人。

因为你们，这世上的小说、音乐、电影所表现的青春，就不再是忧伤、迷茫，而是善良、勇敢、无私、无所畏惧。

是心里有火，眼里有光，不用活成我们想象中的样子。

我们这一代的想象力，不足以想象你们的未来。如果你们依然需要我们的祝福。

那么，奔涌吧，后浪！我们在同一条奔涌的河流。

资料来源：百度文库，有改动

探索与思考

（1）你对这篇演讲稿有何感触？

（2）演讲前，演讲者需要做好哪些准备工作，掌握哪些演讲技巧提高宣传鼓动感染度呢？

探索点拨

这篇演讲稿点赞了当今年轻人的样子，用真诚的声音为青年风采发声，言之有理、言之有物、言之有情、言之有味，使整篇演讲稿充满魅力。

深刻的思想、真诚的感情、生动的表述是镶嵌在演讲艺术桂冠上的三颗明珠。演讲要想获得理想的效果，除了要求演讲者具有较高的思想水平、文化修养、表达能力外，还应在记忆演讲稿的基础上，灵活运用演讲技巧，把文字里的信息和逻辑还原为现场能力，以提高演讲的鼓动性。

探索学习

一、选题

一次演讲的成功与否，价值大小，关键在于选题。选题，就是选择和确定演讲的论题。在现实生活中，可供演讲的内容极其丰富，但这并不意味着演讲选题具有随意性。当演讲具体到某一次特定情境中时，演讲者就需要考虑演讲主客体等多方面因素。一般来说，选题时，演讲者必须遵循以下四条基本原则。

话有引力

一次演讲，究竟能在多大程度上帮助听众弄清楚现实中的复杂现象，并在多大程度上有助于迫在眉睫的社会问题得到解决，这是演讲艺术的本质特征。

——马克思和恩格斯

（一）选题要适合演讲者

（1）选择自己熟悉并为之所动的论题。演讲者只有对论题熟悉才会有话可说，才能展开深入分析，以显示自己的真知灼见，从而增强演讲的价值。只有那些能够触动自己的论题才能使演讲者产生更高的激情，进而使整个演讲融情入理。

一位演讲初学者为了介绍某地的风貌，买了一本游览指南的小册子，然后把上面的材料略加整理就去演讲了。由于他对当地并不熟悉，也没有很好地消化这些材料，所以演讲时没有丝毫热情，结果以失败告终。

两周后，他的汽车不慎被盗，但报案后警察表示这类案件多如牛毛，爱莫能助。他在懊恼中想起一周前，自己的汽车在路上因多停了五分钟而被警察毫不留情地罚了款。对比之下，警察对善良民众凶神恶煞，却对犯罪者无能为力，这激起了他强烈的愤怒感。第二天，他就这个论题发表了演讲。在演讲中，他滔滔不绝，口若悬河，满腔愤激，从而获得了成功。

（2）选择适合自己年龄、身份和气质的论题。演讲者选择的论题一定要符合自己的年龄、身份和气质，否则无法打动听众，也起不到鼓动听众的作用。例如，演讲者如果是一名中学生，若要谈“选择爱我的人结婚还是我爱的人结婚”，必然会感到无从下手；若要谈“‘题海’战术是否利于中学生成才”，肯定会颇有感触、思如泉涌。

（二）选题要适合听众

演讲既是一种高级的交际活动，也是一项复杂的智力活动。演讲者往往面对着生疏的、变换着的听众。只有符合听众需求的演讲，才有可能获得成功。

因此，演讲者上台之前，尤其是在排练时，要时时想象自己在现场演讲的场景，把现场的客观因素充分考虑进去，并模拟可能出现的突发状况、提问等，进而反观自己的演讲在表达方式、案例准备上是否适合听众。

（三）选题要适合特定场合

演讲是演讲者在特定的环境中面对公众发表讲话的活动，因此演讲的实质是演讲者的主观因素与演讲环境的客观因素相结合的产物。任何演讲，其论题都要适合特定的演讲场合，即适合演讲的环境、时间、背景等，使论题与会场的气氛相互协调一致。

话有引力

既然要产生一种活的实践效果，演讲家首先要充分考虑到演讲的场合，以及听众的理解力和一般性格，否则他的语调就会由于时间、地点和听众都不适合而不能达到所向往的实践效果。

——黑格尔

（四）选题要适合规定时间

演讲者所选择的论题，必须要在限定的时间内加以充分阐述。适合规定的时间，并不意味着长时间只能讲大论题，短时间只能讲小论题，而是要求演讲者根据时间长短做出恰当的安排。例如，时间紧张，演讲者可选择大论题中几个精彩的小问题来谈，让听众“窥一斑而见全豹”；时间充裕，演讲者也可将几个有价值的小问题串起来讲给听众。

口才互动吧

假如你参加了校园演讲比赛，你现场抽到的论题是“先苦后甜”。请运用所学知识，构思演讲内容并在课堂上进行展示，主要包括演讲题目、演讲提纲、论据材料等。

二、撰写演讲稿

演讲稿是进行命题演讲的主要依据，规范了演讲的内容和形式。演讲稿属于应用文体，但又不是一般的应用文，它既有一般议论性应用文的特性，如中心突出、逻辑严密、说理性强等；又有文艺作品的艺术特点，如采用多种艺术手法、感情色彩浓厚等。

因此，撰写演讲稿不同于写一般的文章，它需要有一个把视觉转换为听觉的过程。这就要求演讲稿应把书面语言还原为口头语言，把语言写活。只有这样，演讲才能符合听众的要求，满足听众的需求。

口才知识窗

演讲稿的作用

（1）梳理演讲思路。一篇好的演讲稿可以使演讲的主题更加鲜明，内容更加完美，结构更加清晰，观点和材料更加统一。在演讲过程中，万一演讲者忘词了，演讲稿还可以起到提示作用，保证演讲的顺利进行。

（2）美化演讲语言。没有演讲稿，演讲者在演讲现场临时组织语言，很可能会出现语无伦次、词不达意的现象。而演讲稿能够让演讲者有充裕的时间来字斟句酌，使语言表达更加贴切完美，更具有感染力。

（3）消除怯场心理。演讲者最害怕在演讲时大脑一片空白，忘记演讲内容。而演讲稿能够让演讲者心中有文，增强心理优势，从而轻松演讲。

（4）把握节奏和速度。演讲通常都有时间限制。有了演讲稿，演讲者可以按字数的多少来确定演讲的节奏和速度，从容不迫地在规定的时间内完成演讲。

演讲稿一般由标题、开头、主体和结尾组成。其中，标题一般要点明演讲主题，开头要引人入胜，主体要有逻辑性和条理性，结尾要耐人寻味、不落俗套。

（一）标题

标题是一篇演讲稿不可缺少的有机组成部分，是演讲的“眉目”。好的标题，具有风流蕴藉、眉目传神的特点，能够给听众留下鲜明深刻的印象，引起听众的浓厚兴趣。一般情况下，标题概括了演讲主题或演讲场合，主要有以下几种形式。

（1）揭示型标题，包括揭示演讲主题和揭示演讲场合两种。揭示演讲主题，如《人生需要奋斗》《停课不停学》等；揭示演讲场合，如《恩格斯〈在马克思墓前的讲话〉》等。

（2）象征型标题，即运用比喻或象征等修辞手法，把抽象的哲理或某种象征意义具体化、形象化，如《科学的春天》《用爱点亮一盏心灯》等。

（3）警示型标题，即运用哲理名言或祈使句，提醒、劝谏听众，以激起听众的警觉，使之猛醒，如《走自己的路》《注意，路上处处有红灯》等。

（4）设问型标题。聪明的设问是智慧的标志，是通往知识宝库的桥梁。通过设问，演讲可以触发同宗神经元的亢奋，使听众迅速进入交流状态，如《怎样做最好的自己？》《这样才能活到 100 岁？》等。

（5）抒情型标题，一般具有浓烈的感情色彩，用于抒发演讲者的主观感情，以情感人，如《我爱演讲》《我骄傲，我是“00 后”》等。

（6）新闻型标题，通常用正题加副题的形式，正题揭示演讲主题，副题进行补充说明，如《如何艺术求职——写在毕业之前》等。

（二）开头

演讲稿的开头，又称“开场白”，在演讲稿中处于显要地位，是奠定演讲成功的基础。好的开头应该是用最简洁的语言、最经济的时间，把听众的注意力和兴奋点吸引过来，达到出奇制胜的效果。

演讲稿的开头方式有很多，演讲者可根据具体的演讲内容、环境、场合、听众等采用灵活多样的形式，如开门见山式、提问式、道具式、幽默式、引用式、悬念式等。

1. 开门见山式

开门见山式开场白就是直截了当地揭示演讲主题，其优点是干脆利索、中心突出，使听众快速听明白演讲的主题是什么。这种开场白运用得较为普遍，常用于一些比较庄重、严肃的演讲中。

当球王踢进第一千个球时。有一位记者问他：“哪一个球最精彩？”球王回答：“下一个！”努力追求“下一个”是优秀运动员和各行各业先进人物的共同品格。

——《下一个》

小贴士

在运用开门见山式开场白时，演讲者一定要言简意赅，单刀直入。尤其是在规定的短时间演讲中，开场更应简明扼要。此外，这种开场白要求语言具有一定的深度与新意，避免平淡和无趣。

2. 提问式

提问式开场白是以问题引路，引起听众的注意，引导听众主动地思考问题并关注演讲者对问题的回答，积极地参与到演讲主题中去，而不是消极被动地只听演讲。

同学们，你们看，我手中拿的是什么？是一片落叶吗？不错。然而这仅仅是一片落叶吗？不。它是穿过时空隧道的过客，是一片凝聚的时间，是一首哀叹时间一去不回头的诗。我们读它，仿佛是在与那来去无踪的时间对话。从这里，我们看到了时间的力量和冷峻。绿叶婆娑，那是时间的恩典；黄叶飘零，那是时间的摧残。面对它，我们还有什么理由轻视时间呢？

——以“珍惜时间”为主题的演讲

3. 道具式

道具式开场白是演讲者在开讲前先展示某件实物，给听众以新鲜、形象的感觉，迅速抓住听众的注意力，引起听众的兴趣，从而得到意想不到的效果。

戴尔·卡耐基在一次演讲中别出心裁，开讲前他拿出几根头发展示给听众，问听众这是什么？听众不知其意，皆答“头发”。他将话题一转，问听众：“我们都知道头发是长在头上的，这几根头发为什么掉下来了呢？”一句问话勾起了听众的好奇心，开始专心致志地等待答案。戴尔·卡耐基接着说：“这就是烦恼的副作用……”

4．幽默式

幽默式开场白是演讲者通过幽默的话语缓解现场氛围，进而缩短自己与听众的距离，展示自己的人格魅力。

女士们，先生们，学生们：你们为什么在这儿呢？不上课？功课都做完了吗？校长刚才说了，我会说流利的汉语，他说的是客气话，我的汉语是越来越差了。众所周知，中国有个传统的说法："天不怕，地不怕，只怕老外说中国话。"

5．引用式

引用式开场白是演讲者直接引用哲理名言，引人深思，使演讲更具声势和威力。需要注意的是，这种开场白所引的哲理名言不能过于深奥难懂，且不是司空见惯、屡见不鲜的，以免适得其反。

"桂林的山来漓江的水，祖国的笑容这样美"，这是当代诗人贺敬之写的山水诗。我以前读这首诗的时候，心中就充满了对桂林山水的无限向往之情。今天，当我有幸饱览了美如仙境的桂林山水后，心中又涌出了陈老总（陈毅元帅）的诗句："不愿做神仙，愿做桂林人！"因为桂林人不仅生活在仙境之中，而且桂林人的心灵，尤其是青年学生们的心灵亦如仙人一般纯洁善良，如漓江水一样清亮照人。

——谢冕教授在桂林的演讲

6．悬念式

悬念式开场白是演讲者提出一个问题，制造一个悬念，以激发听众的好奇心，促使听众快速进入演讲的主题。

他走上台时，双手抱着一个红布包。他先给大家敬了一个军礼，然后说："同志们，今天站在这个讲台上的不是我，而是他们。"说完，他把红布包一层一层地打开，全场观众都用诧异的神情注视着这个红布包。打开一看，里面是两本书。他接着说："这本书叫《风浪集》，记述了老一辈革命者的丰功伟绩；这一本，我把它叫《无名集》，上面记满了这几年倒在我身边的战友的名字，他们是'我心中的太阳'，这就是我演讲的题目。"

——一名主攻团团长在"红土地之歌"演讲大赛的演讲

除上述形式外，演讲稿的开头还有新闻式、套近乎式、引申式、故事式等。总之，演讲稿的开头没有固定的形式，演讲者可以根据演讲的实际情况进行决定。但不管采用什么样的形式，演讲稿都要力求形式上新颖、别致、有趣；内容上出其不意、出奇制胜；主题有意境、有内涵；而且起调要高，要有声势；切忌稀松平常。

（三）主体

演讲稿的主体是演讲稿的重点，既要紧承开头，又要对演讲主题逐渐展开、丰富和深化，即运用真实感人、具有说服力的材料来论证、表明演讲者的观点和思想，以使听众产生心灵共鸣。

演讲稿的主体一般有并列式、递进式和对比式三种结构。其中，并列式结构是将证明论点的材料并列在一起，一个个论述，排比成篇；递进式结构是一层一层地分析论述，由小到大，由浅入深，逐步把道理讲清；对比式结构是先对错误的观点进行批驳，在批驳中确立自己的观点，然后论证自己观点的正确性。

口才加油站

构建和谐社会的基石

你心中的和谐社会可能是一部风情万种的小说，也可能是一幅瑰丽多姿的画卷，而我心中的和谐社会是一座宏伟的摩天大厦。它的建立，需要无数坚不可摧的基石。

构建和谐社会大厦需要的第一种基石，是取自黄河之滨的鹅卵石。它们颗颗簇拥，相映生辉，代表着亿万颗中华儿女的赤诚之心，大家人人献力量，共同创繁荣，相互支撑、相互补充、相互关爱。这是构建大厦的坚实根基。

构建和谐社会大厦需要的第二种基石，是取自泰山之巅的花岗石。它们是中华民族坚强不屈、正义和平的化身，代表着和谐社会需要我们手握正义的利剑，心中有杆公平的秤，迈步走向民主法治、民富国强的崇高理想。这是构建大厦的深厚根基。

构建和谐社会大厦需要的第三种基石，是取自东海之滨的红礁石。它观沧海、眺宇宙、搏风浪，具有最广博的胸怀，最坚毅的性格，代表着和谐社会需要我们有海纳百川的宽容，有与时俱进的远见卓识，才能实现人际和睦、国际和平、人类与自然和谐相处的远景。这是构建大厦的宽广根基。

朋友们，构建和谐社会的基石就在你手中！其实构建和谐社会的大厦，你我他都是最好的基石，让我们从东海之滨采来红礁石，从泰山之巅采来花岗石，让我们自己成为一颗颗色彩斑斓的鹅卵石吧！把我们和谐社会大厦的根基打得更加坚实、更加深厚、更加宽广，不光为了你我他今天的安宁与幸福，更是为了子子孙孙千秋万代的安宁与幸福！

评析：这篇演讲稿的主体采用的是并列式结构，即把和谐社会比作宏伟的摩天大厦，通过鹅卵石、花岗石、红礁石来象征中华儿女的赤诚之心，中华民族的坚强不屈、正义和平，海纳百川的宽容，以及与时俱进的远见卓识。演讲稿从这几个方面并列地展开论证，条理清晰，如涓涓细流，让听众感同身受，仿佛接受了一次精神洗礼。

资料来源：360 文库，有改动

（四）结尾

演讲稿的结尾，是演讲内容的高度浓缩，是主题的进一步升华，也是整个演讲稿的点睛之处。因此，演讲稿的结尾要做到干净利落、感人、有力、令人难忘、让人回味，不能拖泥带水、虎头蛇尾，也不能画蛇添足。常见的演讲稿结尾形式有呼应式、感召式、鼓舞式、总结式等。

1. 呼应式

首尾呼应，浑然一体。

开头——一百年前他死了，但他的灵魂却是不朽的。

结尾——虽然一百年前他已死了，但他的成就却是不朽的。

——《微笑本身就含有曙光》

2. 感召式

含蓄深沉，留有余韵，即运用具有哲理性的句子来进行说理，使听众意犹未尽。

我们的光明就要出现了。看！光明就在我们眼前，正像李先生临终时说的“天快亮了”。现在正是黎明前那个最黑暗的时候，我们有力量打破这个黑暗，争到光明！我们的光明，就是反动派的末日。

——《最后一次讲演》

3. 鼓舞式

展望未来，鼓舞斗志，即运用充满激情的句子展望未来，展示希望，使听众深受教育感染。

从现在起，到下世纪中叶，将是很要紧的时期，我们要埋头苦干。我们肩膀上的担子重，责任大啊！

4. 总结式

总括全篇，加深印象，即把演讲的主要内容或中心思想加以概括，使要点更加突出，让听众印象更加深刻。

北京大学是真正红学的发祥地。这次盛会标志着红学已经回归北大，其意义十分重大。在座与会的众多青年学人，必将对红学做出新的贡献，将这门独特的中华文化之学推向新的里程碑。

——周汝昌在北京大学“红楼梦与中华文化”的演讲

三、命题演讲的技巧

（一）演讲造势技巧

演讲是一门独特的艺术。好的演讲应该具有一种振奋人心、神采飞扬的气势美，这就要求演讲者能在“吟咏之间，吐纳珠玉之声；眉睫之前，卷舒风云之色”。

因此，在演讲中，演讲者应善于根据演讲主题的需要使用种种艺术手段，营造出一种既切合演讲主题又适应当时特定现场氛围的气势，以期把听众带入演讲的艺术境界中，并把演讲推向高潮，使演讲产生强大的感召力和鼓动性。

1．欲扬先抑法

抑，即收敛或贬抑；扬，即振发或褒扬。在演讲中，欲扬先抑法可以在表情达意上造成一种反差，营造一种气势，使演讲跌宕起伏、摇曳多姿、富有动感、引人入胜。

我的母亲是个聋人，没有办法说话；我不知道自己的父亲是谁，也不知道他是否还在人世；我人生的第一份工作是在棉花田里做事。如果情况不如意，我们总可以想办法加以改变。一个人的未来怎么样，不是因为运气，不是因为环境，也不是因为生下来的状况。一个人若想改变眼前充满不幸或不尽如人意的情况，只要回答一个简单的问题——我希望情况变成什么样？然后全身心投入，采取行动，朝着理想目标前进即可。

分析：这一段演讲的开头极力渲染了演讲者本人过去的不顺，是抑；然后展示今日地位的辉煌，是扬。演讲者通过欲扬先抑的造势技巧，激起了听众心中的波澜，使听众对自己的“简单问题”产生了浓厚的兴趣。

2．语义转折法

在演讲中，语义转折法可以造成一种内容和情感上的“水位落差”，使演讲形成飞流直下的磅礴气势，产生动人心魄、感人肺腑的艺术魅力。

什么人伟大，上至古帝尧舜，下至近豪鲁迅、孙文；外国的马克思、居里夫人……中国的杨利伟、钱学森……没有人说他们不伟大。是的，他们都是人类的精华、历史的骄子、亘古的伟人。但今天，在这里我要喊：我们也是伟人！伟大与平凡只有一步之遥，真正的平凡也是一种伟大。

分析：在这一段演讲中，“但今天……”一句是构筑演讲气势的关键，有了这一语义上的转折，才使前后表达产生了强烈且震撼的效果，从而达到了揭示演讲主题的目的，引起听众心灵的共鸣。

3．铺陈渲染法

演讲者为了阐述自己对某种事物或事件的深刻见解，可以根据演讲主题的需要，从各个角度、各个侧面对该事物或事件进行铺陈渲染，以营造一种“先声夺人”的气势，把听众的思绪引入特定的演讲氛围中。在此基础上，演讲者再阐述自己的观点，对听众进行宣传鼓动，就会水到渠成，达到事半功倍的效果。

西部，这块神秘、广袤的大地，曾写下多少金戈铁马、气吞万里的英雄史诗。美丽的西部，有过“天苍苍，野茫茫，风吹草低见牛羊”的美景；也有过“黄河之水天上来，奔流到海不复回”的奇观。而现在，母亲河年年断流，大西北黄沙漫天。西部，她还曾有过繁花似锦：丝绸之路，驼铃声声脆，商人交易欢；天府之国，物阜民丰足，富饶甲天下。而现在，西部经济还有待发展。西部啊西部，你何时才能繁荣富庶？

分析：在这一段演讲中，演讲者将祖国西部往昔的悠久文明、壮美风光、丰富物产与今日的穷困、贫瘠、苍凉情景进行了对比性的铺陈渲染，激起听众强烈的时代使命感。在这种特定的氛围中，演讲者尖锐地提出问题——“西部啊西部，你何时才能繁荣富庶？”

为演讲主题蓄势。至此，“西部大开发”的演讲主题已经呼之欲出了。

4. “卖关解扣”法

在演讲中，演讲者通过先设置悬念“卖关子”，后揭开谜底“解扣子”的方法，也可以营造出一种曲径通幽、引人入胜的演讲气势，使演讲收到更好的效果。

世界上有这么一种东西，它能使你在浩瀚无垠的戈壁沙漠中看见希望的绿洲；它能使你在千年不化的冰山雪岭中领略温暖的春意；它能使你在雾海苍茫的人生旅途中拨正偏离的航向；它能使你在荒凉凄冷的孤寂里收获快乐的果实……它是无形的，却有着巨大而有形的力量；它是无声的，却鸣着神奇如春雷一般的回响！也许有人会问：是什么这么伟大？这么神奇？我要说，它就是爱，是人类对美好生活、对自己同胞的真诚的爱！

分析：在这一段演讲中，演讲者运用了“卖关解扣”的造势技巧，为演讲主题营造出一种生动诱人、充满神奇色彩的氛围，有助于引导听众进入演讲的艺术境界。

5. 层层推进法

层层推进就是用三个或三个以上结构大体相似、字数大致相等的语句，把演讲主题一步步地表现出来的造势技巧。它可以使语言一环扣一环，一步紧一步，形成一种“层次美”。在演讲中，演讲者运用这种造势技巧，可以使听众的认识逐步深化、感情逐步激昂、印象逐步加深。

他用自己戎马的一生、忠诚的一生、坎坷的一生、光明磊落的一生，铸就了如山的精魂。在井冈山他是井冈之魂！在宝塔山他是宝塔之魂！那么，在他的家乡湘潭乌石山峰下，他就是那乌石之魂！他与大山一起铸就了中华民族的伟大精魂！

分析：在这一段演讲中，演讲者先用四个“一生”层层推进，再用“井冈之魂”“宝塔之魂”“乌石之魂”步步递升，讴歌了“他”身上体现出来的中华民族的伟大精魂，感情充沛、语势强烈，给听众以极大的精神感召力。

6. 连珠反诘法

反诘的特点是只问不答，用疑问的形式表达肯定的思想内容。在演讲中，演讲者运用连珠炮似的反诘，比正面表态更富有鼓动力，不仅能够加强演讲的语势，把原来确定的意思表达得更加鲜明和不容置疑，还更容易唤起听众的激情和想象，使演讲者与听众的感情产生强烈的共鸣，把演讲推向激越的高潮。

回避现实是毫无用处的。先生们会高喊：“和平！和平！”但和平安在？实际上，战争已经开始，从北方刮来的大风都会将武器的铿锵回响送进我们的耳鼓。我们的同胞已身在疆场了，我们为什么还要站在这里袖手旁观呢？先生们希望的是什么？想要达到什么目的？生命就那么可贵？和平就那么甜美？甚至不惜以戴锁链、受奴役的代价来换取吗？全能的上帝啊，阻止这一切吧！在这场斗争中，我不知道别人会如何行事。至于我，不自由，毋宁死！

分析：在这一段演讲中，一连串的反诘句如连珠炮似的轰鸣，使演讲更加激情飞扬，气势更加雄劲，听众精神为之大振；紧接着呼吁“不自由，毋宁死”，如同战鼓擂动，号角长鸣，使全场沸腾，煽起了听众的激愤之情。

当然，演讲中的造势技巧不止以上几种，但演讲者无论运用哪种技巧，都应该有助于表达演讲主题的目的。演讲者如果脱离了演讲主题，为了造势而造势，纯粹作为一种玩弄技巧的“语言包装”，就会因流于装腔作势而陷入误区，贻笑大方。

口才互动吧

扫描右侧的二维码，欣赏闻一多同志的《最后一次讲演》，并分析其中运用了哪些演讲造势技巧。

扫一扫

闻一多同志的《最后一次讲演》

（二）调动听众情绪的技巧

1. 巧妙使用兴奋语言

在演讲中，演讲者按照演讲内容需要，有计划、有目的地选取一些使人兴奋的语言，会拉近自己和听众的心理距离，满足听众的心理需要。兴奋点的范畴包括所有能够引起听众兴趣的实例、名言、佳句和精辟独到的见解等。

2. 提高演讲刺激强度

人们最容易记住对自己有重大影响、对自己有利的、给予自己重大刺激的或自己主动愿意记住的信息。听众对演讲反应的强弱，一定程度上取决于演讲语言的强度，但主要取决于演讲者对演讲内容的熟悉程度、对事物的感悟程度、对问题分析的透彻程度和现实立场的鲜明程度。演讲者要尽最大努力把问题看得透彻、准确、鲜明，始终给听众一种压力和责任感。

3. 敢于标新立异

人都有好奇心。在演讲中，满足听众的好奇心和求知欲本身就具有兴奋作用，而打破常规、标新立异是设置兴奋点的好方法。

4. 酝酿感情，给听众留出掌声空间

掌声能够活跃演讲气氛，不仅能给演讲者“感情回报”，使其心情更加愉快，思维更加敏捷，情绪更加投入，还能使演讲产生强烈的感染力。因此，撰写演讲稿时，演讲者应有意识地给听众留出一定的鼓掌时间。

在演讲中，演讲者可以运用带有浓厚感情色彩、充满激情的语言，立场鲜明、见解独到、能够给听众以深刻启迪的语言，热情歌颂真善美、无情鞭挞假恶丑的语言等，让听众受到激励、鼓舞和启发，从而自发地鼓掌。

口才训练营

一、训练目标

通过设计演讲稿的开头和结尾并当众演讲，让学生进一步掌握演讲稿的写作技巧及命题演讲的技巧。

二、训练内容

（1）为下列演讲题目设计不同类型的开头，并在课堂上进行表演。

“珍惜拥有”	“生命的价值”	“人生处处是考场”
“选择平凡”	“执行决定人生”	“学习是成长着的人生”

（2）采用你喜欢的结尾方式，为“谈毅力”设计结尾，并在课堂上进行表演。

（3）以“我理想中的校园生活”为题进行演讲，限时 3 分钟。

三、训练评价

（1）开场白能使听众了解演讲主题、引入正文、引起思考；结尾能够升华主题、留下思考。

（2）演讲节奏处理得当，演讲技巧运用自如。

视野纵横

执两用中　过犹不及

中华民族的祖先很早就在长期的生产生活实践中产生了“中”的观念。从方法上说，“中”就是指适度、适中、过犹不及、恰到好处；从行为上说，“中”就是指合情合理，不偏不倚、恰如其分；从道德上说，“中”就是指中正、公正，发乎情而止乎礼。所以，“中”是一种基本方法或基本原则。

与“中”相关联的另一个字是“庸”。对于“庸”，历来有两种解释。第一种解释是指常理、定理、平凡、平常、平易可行、普遍适用等意思；第二种解释是指具体使用或运用。如果说“中”是指一种基本原则和方法，那么，“庸”就是指实践中对这些原则和方法的具体运用。

春秋时代，孔子从哲学的高度创建了“中庸”这一思想理论体系。中庸思想后来经过子思、孟子、荀子等人的发展完善，成了儒家思想的一个核心概念。

第一，做事主张不偏不倚，不走极端。这就是孔子所说的“过犹不及”。但是，有人认为中庸之道是不讲原则，强调折中主义、调和主义，这种理解完全是对中庸思想的误解。实际上，中庸思想将那些做事不讲原则、乖巧伶俐的人称之为“乡愿”，他们应是人们极力批判的对象。

第二，处理问题执两用中，考虑问题周全。《中庸》曰："执其两端，用其中于民。"从认识论上说，这是博采众长、集思广益后对事物做出科学准确的判断；从方法论上说，这是在考察事物矛盾的两个对立面后综合统一，以便得出最佳结论；从行为上说，这是照顾各群体的实际利益而有所妥协，求同存异，以便达成一致的意见，实现合作共赢。

第三，对待任何事物，持"海纳百川、兼容并包"的态度。孔子提出的"和而不同"原则最能体现中庸之道的智慧，它是正确处理人际关系的黄金规则，具有最普遍的意义。

综上，"中庸"既是哲学上的认识论和方法论，也是人生修养上的行为准则。它深深扎根于中华民族及中国人民的思想意识之中，成为中国思想文化中被普遍接受和认同的一种为人处世的智慧。

资料来源：学习强国，有改动

探索二 训练即兴演讲

学习清单

每完成一项学习任务，就在对应的方框中打一个钩。

课前预习	□	预习课本知识，了解即兴演讲的相关技巧
	□	与同学交流，说说自己对即兴演讲技巧的认识
课中学习	□	了解即兴演讲的类型
	□	掌握即兴演讲的素质要求及材料组合形式
	□	掌握即兴演讲的话题选择、结构安排、语言表达等相关技巧
实践练习	□	通过当众进行即兴演讲，恰当运用演讲相关技巧
课后复习	□	按要求参加班级或学校组织的即兴演讲比赛，提高临场发挥机智度

口才初探

《矮子的风采》即兴演讲摘录

这话题之二嘛，是“矮子问题”。（哄笑）由我当众提出这个问题，岂不惹火烧身？（鼓掌）这也要点勇气呢！老实说，在我年轻的时候并不觉得“矮”有什么问题，直到 20 世纪 80 年代，在舆论压力之下，才感觉“矮”成了问题。（哄笑）其实，白鹤腿长，鸭子腿短，都是生来如此，何必自寻烦恼！现在要问，矮子能有风采吗？答曰：“高个儿不见得都有风采，矮个儿不见得都无风采。”（鼓掌）那么，矮个儿怎样才能具有风采呢？我有几点心得可供参考。

第一，要有自信。论个子，我比他低一头，而论觉悟、学识和才能，可能比他更胜一筹！这也叫“以长补短”吧？（鼓掌）

第二，不要犯忌讳。大凡麻子怕说芝麻，秃子甚至怕说电灯泡，其实越犯忌讳越尴尬，自己说白了反而没事。我常有机会跟北方汉子们在一起开会或聊天，跟他们开玩笑：我不如你高，你可别怪我，怨只怨我们那山上的猴子就个子小些！（鼓掌、哄笑）

第三，把胸脯挺起来，但也用不着踮脚尖；衣着讲究适当，比如不穿横条、方格的衣服，但也用不着老穿高跟鞋。我主张矮要矮得有骨气，还是脚踏实地好！

第四，最重要的还是本人的德学才识，有修养、有风度，对社会有贡献，自然受人爱戴。

趁着晚会的高兴劲儿，解开这个“矮子问题”，不知台下的某些同学心里是否踏实些？（长时间热烈鼓掌）

资料来源：百度文库，有改动

探索与思考

（1）即兴演讲与命题演讲有什么区别？

（2）作为一名演讲者，怎样才能成就一次精彩的即兴演讲？

探索点拨

即兴演讲是一种与命题演讲相对而言的演讲，摆脱了演讲稿的束缚，临场发挥，触景生情，贴近听众，紧扣人心，更易引起共鸣，使演讲者的思维更加广阔。

从有备演讲到即兴演讲，是一个难度较大的转变，要攀上这个台阶，演讲者需要培养即兴意识，掌握一定的技巧，不断提高心理素质、应变能力、语言水平和文化修养。常言道，“语为情动，言为心声”。只要人们愿意开口，做即兴演讲的有心人，经过一段时间的训练，就一定能取成功。

探索学习

一、即兴演讲的基础知识

（一）即兴演讲的类型

1. 邀请式即兴演讲

邀请式即兴演讲是指邀请人希望被邀请人在某一场合就某一个问题“说几句话”。虽然这类演讲可以事先让被邀请人按要求有所准备，但也避免不了临时情况的发生。因此，被邀请人要随机应变，努力做到有所针对，自然适当。

我今天要说的是——门！中国最有名的门是天安门。但我们今天不讲天安门，只说说咱们学校的校门。这幢门，线条流畅，姿态优雅，造型别致新颖。中文系说它是革命的浪漫主义与现实主义结合的产物；数学系说它昭示着我们要不断探索；物理系说它的寓意是学如逆水行舟，不进则退；历史系说它是迎接高考胜利者的凯旋门……真可谓是仁者见仁，智者见智。

这是一座幸运之门，这是一座光荣之门，这是一座科学之门。你们从四面八方踏进这座校门，你们是时代的骄子，社会的宠儿。到时你们步出校门奔向五湖四海，你们将是社会的栋梁，祖国的希望！希望你们在门内的四年勤奋刻苦，门门功课优秀，为校门“添砖加瓦”；跨出校门后献身科学，献身教育，争当中国的爱因斯坦、门捷列夫，为校门增色添彩！

分析：这是一位教授在新生开学典礼上的即兴演讲，典雅中不乏风趣，风趣中又透着庄严。这段演讲以校门为寄托物，前面铺陈，中间借用不同学科对校门的不同理解，阐释校门造型的内涵，最后以“踏进校门”与“跨出校门”为契机，寄托了教师对新生的殷切期望，怡情益志，展现了教师风范。

口才互动吧

假如在公司的年底总结会议上，你所带领的团队被评为优秀团队。作为团队组长的你被邀请上台领奖并发言，你会说什么（限时 2 分钟）？

2．灵感勃发式即兴演讲

灵感勃发式即兴演讲属于“触景生情”式演讲，事前本不想发言，也毫无准备，但在会上或席间由其他人的一席话或一句话，而产生联想，勾起情思；或见到一位老同学、老领导、老朋友而勾起了对往事的回忆；或触景生情，开启了话语的闸门……于是产生了非讲不可的兴致和欲望。

这类演讲通常要视场合、情景、气氛来确定演讲的内容，以幽默、趣味、欢乐的内容为宜。同时，演讲者还要做到简洁、得体、高雅、有针对性，使听众明白清楚、有所感触。

3．说明式即兴演讲

说明式即兴演讲主要是为了纠正他人演讲中与事实不相符之处，以达到澄清事实的目的。这类演讲集说明与辩驳于一体，以客观事实为根据。因此，在演讲时，演讲者必须依照事实，说明真相，切忌采用夸张的言辞，也要防止感情冲动，讲出攻击性的话语来。

4．被动式即兴演讲

被动式即兴演讲多发生在法庭上或学术讨论、答辩会上，也就是他人提问，演讲者来回答，因此又称“被人发问式即兴演讲”。由于这类演讲受发问内容和发问主题的限定，演讲者的发言范围容易把握。但演讲者往往对发问人提出的问题缺乏准备，又必须在一定时间内作答，所以难度也较大。

问：请谈谈您的求学经历，有何心得要提醒莘莘学子？

陈：（在简述自己的求学经历之后恳切地说）我要对大家着重讲的有四点。

第一，我总做与别人不一样的事，决不随大流！当年大家都争着到美国去留学，而我却到了德国，那里有世界第一流的数学家嘛！

第二，读书要同生活连成一片。把读书变成生活不可缺少的一部分，才会收到事半功倍的效果。关键是要钻进去，视读书为人生最大的乐趣！

第三，选择与自己爱好相近的职业。万万不要有从众心理，不要因赶社会一时之趋势，而断了自己一生的前程。

第四，要结交一些好朋友。专业是否相同倒不要紧，最重要的是志同道合。例如我的好友赵元任先生，他是国际知名的语言学家，当过世界语言学会会长。我搞数学，他搞语言，但我们在思想和生活上互补互助，受益终生。

问：数学之美何在？

陈：世界上美有不同的形态。艺术有艺术之美，数学有数学之美。艺术之美，有范曾兄（范曾是陈省身的学生，坐在陈省身右侧）给大家解答（笑声）。至于数学之美，（举了一个无穷级数的例子）进入数学殿堂的人看着这个无穷级数，看到这个公式就觉得很美很美！你们看，有限与无限的转化，化古今为须臾，抚四海于一瞬。这是科学之美、自然之美、宇宙之美啊！

分析：上面两段演讲是数学大师陈省身先生2004年在南开大学的即兴演讲。这位数学大师的演讲，讲人生感悟，讲学术领域，无不独到精辟、妙语连珠、妙趣横生，给人茅塞顿开之感。没有丰富的经历，没有精深的学术造诣，没有广博的知识底蕴，能张口就来、出口不凡吗？

（二）即兴演的素质要求

即兴演讲要求演讲者能够在没有准备或准备不充分的情况下紧扣主题、抓住重点，运用流畅的语言表达自己的思想。这就要求演讲者必须具备以下几项基本素质。

1．一定的知识广度和思想深度

即兴演讲不仅要求演讲者具备一定的专业知识，还要广泛了解日常生活常识，如风土人情、地理环境等。只有具有一定的知识广度，演讲者才能在短暂的准备时间内从脑海中找到生动的例证和恰当的词汇组织演讲语言，进而给即兴演讲增添魅力。

此外，即兴演讲还要求演讲者具备对演讲内容进行纵向分析的能力，然后从表层迅速深入事物的本质中去，形成一条有深度的主线，并围绕主线丰富资料，连贯成文。

2．较强的材料综合能力

即兴演讲要求演讲者在极短的时间内把符合主题的材料组合、凝练在一起。因此，演讲者必须具备较强的材料综合能力，进而有效地表达出自己的思想和见识。

3．较高的现场表达技巧

即兴演讲没有事先精心撰写的演讲稿，所以要求演讲者具有更为灵活的临场发挥能力。在演讲思路初具轮廓后，演讲者应注意观察场所和听众，摄取那些与演讲主题有关的人或物，因地设喻、即景生情。

4．较强的临场应变能力

由于演讲前没有充分准备，演讲者在即兴演讲时容易出现意外状况，如怯场、忘词等。遇到这种情况，演讲者只有沉着冷静、巧妙应变，才能化解尴尬，反败为胜。

口才互动吧

演讲高手为什么能够即景生情，缘情而发，迅速而准确地将自己的思想、感情转换成口语，出口成“章”？

（三）即兴演讲的材料组合形式

快速组合材料能力是体现即兴演讲能力的主要因素之一。它要求演讲者能在极短的时间内解决好“说什么”和“怎样说”两个问题。即兴演讲中的材料组合形式有并列式、正反式和递进式三种，它们既可以单独使用，也可以互相结合、互相套用。

（1）并列式，即将演讲主题分解成若干个分题进行阐述。这种材料组合方式可使演讲条理井然，极富力量和气势。

（2）正反式，即围绕主题，一方面从正面说明，一方面从反面说明，正反对比，突出效果，引人深思。

（3）递进式，即围绕所要说明或论述的问题，先说明“为什么”，继而谈“怎么样”。

二、即兴演讲的技巧

扫一扫

即兴演讲的思维

（一）全神贯注，选准话题

只有始终全神贯注，时刻关注活动的主题、讨论的具体题目、争论的焦点等，保持较强的警觉性和思想准备，演讲者在即兴演讲中才不会心慌意乱。有了思想准备，演讲者还必须抓住时间、人物、景物、实物等触点，就地取材，确定一个既符合演讲要求又能让自己进入最佳状态的话题。

1．感时起兴

时间是影响演讲的重要因素。所处的时间如果具有特殊意义，则可以触发演讲者的灵感，成为演讲的话题，如节庆假日、纪念日等。

2．感人起兴

听众是演讲者最好的题材。演讲者讲一些与听众有关的事，如他们是什么人、做了什么事、对社会有什么贡献等，都能引起听众浓厚的兴趣。

3．感景起兴

场景往往能引起听众的兴趣，激发听众的想象。当时是什么场合，正在发生或上演着什么，通过紧扣实际情况，演讲者便可以开始自己的即兴演讲。

4．感言起兴

人们说的话，特别是在场听众所谈的话题、内容等，都可以成为即兴演讲的话题。演讲者可以从这些言论说起，引出自己的观点，进而抒发自己的情感。

5．感物起兴

如果现场出现了引人注目的物品，演讲者则可以着眼于其特殊内涵或象征意义，及时展开，进行主观联想，借题发挥。

（二）短小精悍，结构严密

即兴演讲大多是在一种激动的场合下进行的，因此讲话必须短小精悍。即兴演讲虽然不像命题演讲那样讲究布局谋篇，但也要结构合理、详略得当。常用的即兴演讲模式有以下几种。

1．戴尔・卡耐基即兴演讲模式

戴尔・卡耐基即兴演讲模式分“实例—要点—理由分析”三步。这种模式强调即兴演讲最为有效的方式就是一开始就进入实例阶段，这样既不用为措辞大伤脑筋，又能吸引听众的兴趣，也能使演讲者迅速进入演讲状态。在例证之后，演讲者要用明确的语言叙述演讲的主旨、要点，最后阐述自己的理由。

2．理查德的结构精选模式

理查德的结构精选模式，又称“四部曲”，分“设悬念—议论—举例子—怎么做”四步。这种模式一开始先以“耸人听闻”的悬念激起听众的注意；再以警醒的议论“勾”住听众的兴趣；然后用例子形象化地将自己的观点印入听众的脑海；最后说明应该怎么做，满足听众的期待。

3．步步发散式

步步发散式，即先举出一个成语、俗语、警句或现象，然后以此为主线层层阐述。例如，一名教师在谈学生厌学时的发言：学生厌学现象越来越突显，他们为什么会厌学呢？我认为主要有这几方面的原因：一……二……三……那么作为一名教师，我们能做些什么呢……

（三）情感充沛，因人而异

要想使即兴演讲感染听众，使听众激动，演讲者本人则要充满激情。演讲者只有动了真情，才能使爱憎喜恶分明，语言绘声绘色，从而打动听众，达到情感交流的目的。

此外，演讲者还应根据不同的听众，组织不同的即兴演讲语言。例如，对于一般听众，演讲者可选用朴素的语言；对于文化素养较高的听众，演讲者可选用高雅的语言。

（四）润色语言，深入人心

演讲者在即兴演讲时，要灵活运用巧打比方、妙说数字、趣用幽默、插入笑话、展示实物等语言表达技巧，使演讲深入人心。

（1）巧打比方。面对突如其来的提问，演讲者有时很难用几句话说清楚，这时如果通过合适的比喻，则能化难为易，收到事半功倍的效果。

老虎和猫都属于猫科动物，如果把流感比作老虎，那么感冒不但不是猫，连兔子都不及，可能就是小爬虫或苍蝇。

（2）妙说数字。数字具有表达准确、说服力强的特点。演讲者恰当运用数字可以剔除废话，浓缩内容，使演讲更加精辟、清晰。

什么是中国速度？2020 年的冬天，我们中国人只用了仅仅 10 天的时间，就建成了一座占地 34 000 平方米，拥有 1 000 个床位的武汉火神山医院，创造了世界建筑史上一个伟大的奇迹。

（3）趣用幽默。演讲者在谈笑风生中阐述自己的观点和主张，既可以活跃会场气氛，又能解除与会者的听觉疲劳。

当你们掌声响起来的时候，天花板开始摇晃了，风儿告诉我，天花板被陶醉了；当你们掌声再次响起来的时候，天花板掉泪了，雨儿告诉我，天花板被感动了。

（4）插入笑话。在即兴演进中，演讲者巧妙地穿插一些故事、笑话、趣闻等，也可以使表达具体生动，调动听众的情绪。

关于抽烟，我想了很久，为什么吸烟的害处那么多，而人们还是要吸呢？我又仔细想了想，可能抽烟有三个好处：一是不会被狗咬，二是家里永远安全，三是永远年轻。大家要问，那是为什么呢？因为，抽烟人多为驼背，狗一看见他弯腰驼背的样子，以为要捡石头打它呢。抽烟的人爱咳嗽，小偷以为人还没有睡觉，不敢行窃。抽烟有害健康，减少寿命，所以永远年轻。

（5）展示实物。为了把深刻、抽象的原理讲得具体、生动、形象，让听众听得高兴、听得明白并留下深刻印象，演讲者可以通过实物展示，充分调动听众的视觉器官。

口才训练营

一、训练目标

通过即兴演讲，让学生进一步掌握即兴演讲的技巧，提高临场发挥机智度。

二、训练内容

每名学生在纸条上写一个演讲题目，写好后将纸条折叠好混在一起，然后按照一定顺序，随便抽一个纸条，打开后立即站起来按照纸条上的题目发表三分钟的即兴演讲。

三、训练评价

（1）内容切题、短小、集中、具体。

（2）语言简洁生动，清晰流畅；姿态自然大方，感情充沛。

视野纵横

周总理的机智应对

（1）为什么叫“马路”？

有外国记者问周总理：“在中国，明明是人走的路，为什么要叫‘马路’呢？”周总理不假思索地答道：“我们走的是马克思主义道路，简称‘马路’。”

（2）为什么低头走路？

有外国记者问周总理："中国人很喜欢低着头走路，而我们却总是抬着头走路。"此话一出，语惊四座。周总理不慌不忙，面带微笑地说："这并不奇怪。因为我们中国人喜欢走上坡路，而你们喜欢走下坡路。"

（3）中国人民银行有多少资金？

外国记者问周总理："请问，中国人民银行有多少资金？"周总理眉头一皱，计上心来，委婉地说："中国人民银行的货币资金嘛，有18元8角8分。"当他看到众人不解的样子，又解释说："中国人民银行发行的面额为10元、5元、2元、1元；5角、2角、1角；5分、2分、1分这10种主辅人民币，合计为18元8角8分，"又说，"中国人民银行有全国人民做后盾，信用佐助实力雄厚，人民币是世界上最有信誉的货币。"话音刚落，全场响起热烈的掌声。

周总理语言风趣而又铿锵，显示出机智过人的幽默风度和外交家的睿智，充分表现出他过人的应变能力和高超的语言艺术，让人折服。

资料来源：搜狐新闻，有改动

探索三　训练辩论演讲

学习清单

每完成一项学习任务，就在对应的方框中打一个钩。

课前预习	□	预习课本知识，了解辩论演讲的相关技巧
	□	通过网络查找并选看辩论赛视频，感受辩论赛的氛围
	□	与同学交流，说说自己对辩论演讲技巧的认识
课中学习	□	理解辩论演讲与命题演讲、即兴演讲的区别
	□	了解辩论演讲的基础知识
	□	掌握辩论演讲的相关技巧
实践练习	□	通过特定辩题和思考，提出自己的有效观点及佐证素材
课后复习	□	就简单辩题展开辩论，在生活中具备辩论思维，形成以理服人的表达习惯

口才初探

纪晓岚巧辩“老头子”

清代大才子纪晓岚才华横溢，深得乾隆皇帝的喜爱，因此他在乾隆面前无所顾忌，经常“口出狂言”。有一次，乾隆带着几个随从忽然来到军机处。此时，纪晓岚正光着膀子和几个办事人员闲聊。其他人远远地看见皇帝来了，连忙起身迎上前去接驾。而纪晓岚高度近视，刚开始没有看见乾隆，等他明白怎么回事的时候，乾隆已经快到了。

纪晓岚心想：就这样光着膀子接驾，岂不是冒犯龙颜？于是，他干脆一不做二不休，趁着别人不注意钻到桌子底下躲了起来。

这一切都被乾隆看见了。乾隆进屋后在椅子上坐定，示意其他人都不许出声。过了一会儿，纪晓岚以为乾隆已经走了，便压低嗓门问道：“喂，有人吗？老头子走了吗？”话音刚落，乾隆厉声喝道：“纪晓岚，你出来！大胆纪晓岚，你不接驾也就罢了，居然还敢说朕是‘老头子’，今天你要讲不清楚，朕要了你的脑袋！”

大家吓得都为纪晓岚捏了一把汗。谁知他却从容地答道：“万寿无疆之谓老，顶天立地之谓头，皓首穷经之谓子，简称‘老头子’。全天下只有您才有资格称得上这三个字啊！”乾隆听完转怒为喜：“好一个‘老头子’，你纪晓岚果然是个才子。”

资料来源：网易号，有改动

探索与思考

（1）你对上述案例中“老头子”的解释有何感触？

（2）现实生活中，经常会有需要辩论说理的情况。你经常处于上风还是下风？请举例与大家分享。

探索点拨

在漫长的历史中，总有优秀的辩论者留下精彩的辩论故事。有人说：没有辩论的世界是冷清的，没有辩论的理论是僵化的，没有辩才的人是平庸的。在生活与工作中，辩论无处不在。人们常常通过辩论辨别是非曲直，解决现实问题，在辩论中既追寻真理，又展现自己的良好风范。

探索学习

一、辩论演讲的基础知识

命题演讲、即兴演讲基本上都是一人说、众人听，属于单项式的语言交流；而辩论演讲则是正反两方的说与听，属于双向式的语言交流，是演讲活动的高级形式。

（一）辩论的分类

（1）日常辩论，是指人们在日常生活中随时随地就某一事物、某一论题所进行的辩论。著名的“濠梁之辩”即为日常辩论。

庄子与惠子游于濠梁之上。庄子曰：“儵鱼出游从容，是鱼之乐也。”惠子曰：“子非鱼，安知鱼之乐？”庄子曰：“子非我，安知我不知鱼之乐？”惠子曰：“我非子，固不知子矣；子固非鱼也，子之不知鱼之乐，全矣！”庄子曰：“请循其本。子曰‘汝安知鱼乐’云者，既已知吾知之而问我。我知之濠上也。”

口才互动吧

辩论和吵架是不同的，辩论是双方对于同一问题的不同观点进行的争论，所谓“理越辩越明”；而吵架常常是你说东、我说西，注重情感宣泄。除此之外，辩论和吵架还有哪些不同。

（2）专题辩论，是指有特定社会意义、有明显利害冲突的辩论，如法庭辩论。专题辩论一般具有职业性和专业性的特点，常常是专业知识、职业规范的具体运用。

（3）赛场辩论，是指针对某一特定辩题，辩论双方有组织、有计划地围绕辩题，按规定的程序展开激烈的辩论，并当场决定胜负，如全国大学生辩论赛、国际大学群英辩论会等。

口才知识窗

赛场辩论的准备

赛场辩论是一种比知识、比谋略、比机敏、比逻辑的综合性比赛，一般具有演练性、立场的不确定性（由抽签决定）、规则性、公平性等特点。除了需要了解辩论赛人员组成和比赛规则外，正反方参赛队伍还需准备以下内容。

一、研究比赛辩题

分析辩题所属类型，准确界定辩题概念，是辩论展开的基础和起点。常见的辩题大致有辩事性论题和辩理性论题两类。要想在限定的时间内辩出本方的最高水平，辩论双方需要在审题阶段辨析清楚，即明确该辩题究竟是要“辩事”还是要“辩理”，进而明确本方论证的侧重点，这样才能做到紧扣论题。

二、广泛搜集材料

权威、典型、真实、充分、新颖的材料，是辩论时最具说服力的武器。因此，辩论赛前，辩论双方应通过各种途径搜集辩论所需的材料，并对材料进行分类、整理、加工。其中，事实材料包括例证、数据、实物等；事理材料包括科学原理、法律条文、名人名言、谚语成语等。

三、认真撰写辩词

每篇辩词都是一篇议论文，都必须具备提出问题、分析问题和解决问题三个要素。需要注意的是，在辩论过程中，辩手陈述的时间越长，给对方思考的时间就越长，因此，辩词应简短且具有针对性。

除了按照议论文的一般要求将辩词撰写出来之外，四位辩手还应团结合作，各自充当好自己的角色，将辩词精彩地展示出来。具体表现如下：一辩手完成破题任务，规定辩题的内涵和外延，提出并正面阐述己方观点；二辩手突出重点，进一步对己方观点进行论证；三辩手旁征博引，通过大量事实更深、更广地论证己方观点；四辩手总结陈词，升华己方观点，驳斥对方观点，将辩论推向高潮。

（二）辩论的构成

辩论一般由立论和反驳两个基本环节构成。通常，立论在先，反驳在后。也就是说，辩论者先要全面系统地阐述自己或本方的立场观点，然后再反驳对方的谬误。

1. 立论

立论就是辩论者确立自己的基本观点和基本理论框架，并对自己的观点、主张、意见和措施进行充分论证。立论时，立场观点必须正确，理由充分，论证符合逻辑。这也是反驳的依据，获胜的关键。

论证的手法多种多样，既可以用归纳的手法，运用大量事实进行证明；也可以用演绎的手法，依据法则、定理、定义和经典论述层层推演；还可以用比喻、类比和比较等手法。

> **话有引力**
>
> 最有利的雄辩不是冗长的论证，而是举出必要多的实例。
>
> ——丘吉尔
>
> 辩乎言谈，博乎道术。
>
> ——墨子

2. 反驳

反驳就是辩论者根据己方的立论，及时发现对方的破绽与谬误，并给予最简捷、最具有杀伤力的批驳。反驳是辩论中最具智慧、最精彩的环节，且要在言语交锋的一瞬间完成，因而具有即兴演讲的特征。

（三）辩论的语言特征

1. 对抗性

一般情况下，辩论至少需要两方的参与，且双方的观点必须立场鲜明、尖锐对立，切忌模棱两可。在辩论时，辩论双方不仅要想方设法地维护己方的观点，还要一针见血地批驳对方的观点，这种对抗性是其他语言形式所没有的。

2. 逻辑性

在辩论过程中，辩论双方都应做到逻辑严密。首先，概念要明确，即确保双方是围绕同一个问题或者同一问题的同一个方面在谈论的；其次，判断要准确，即判断要引入客观评价标准，不能以主观代替；最后，推理要合乎逻辑，即以一个系统完整的理论体系来建构、完善自己的观点和论证。

3. 策略性

尽管辩论的胜利由事实与真理决定，但客观事物的复杂性和主观判断的多样性导致了有理的一方也未必能够获胜。因此，在辩论过程中，辩论双方还应讲究一定的策略，调整好自己的心态，自信从容，察言观色，捕捉对方的心理状态，及时抓住要害，运用恰到好处的策略，进而稳操胜券。

4. 现场性

辩论虽然是有准备之战，但关键还要看辩论双方的现场发挥。因此，在辩论过程中，辩论双方要具有一定的知识储备和敏捷的现场反应能力，不能单纯地对着材料照本宣科，而是要根据现场的情况及时调整，有针对性地抓住对方的要害进行反驳，做到灵活生动、随机应变。

口才互动吧

在一场以“在校学生应不应该谈恋爱”为题的辩论赛中，反方正处上风。正方王明突然看见反方李江的女朋友在现场，于是马上发问：“对方大谈特谈在校学生不该谈恋爱，请问反方李江同学，你不是正在热恋吗？如果真的不该在校谈恋爱，你岂不是‘只准州官放火，不许百姓点灯吗？’”

王明这样反驳好不好？为什么？如果你是李江，你会怎么回答？

二、辩论演讲的技巧

扫一扫

辩论演讲的技巧——同理反抽

（一）事实论证法

人们经常说：“事实胜于雄辩。”因此，在辩论过程中，辩论双方不仅要进行抽象的理论论证，还要以具体的事例做印证。只有这样，辩论才能生动有趣，进而成功地主导听众的注意与激情。例如，关于“人性本善”这一辩题，反方列举事实来论证“人性本恶”。

人性本恶是日常生活一再向我们展示的道理。从李尔王的不孝女儿们到《联合早报》上拳击妻子脸部的丈夫们；从倒卖血浆的联合国维和部队到杀人不眨眼的拉美毒枭，恶人恶事可谓横贯古今，不胜枚举。对方辩友，难道你还要对着《天龙八部》中恶贯满盈、无恶不作、凶神恶煞、穷凶极恶这四大恶人的人性谈什么人性本善吗？大量触目惊心的事实使人们不能不信：人性本恶。

（二）引用说理法

辩论中的“引经据典”有以一当十的功效。名言、名句、典故均为传统文化的精粹，蕴含着丰富的思想内涵，具有一定的权威性，较一般的说理更有说服力。但是，辩论者引用的经典最好是众所周知的，只有这样，才能被大众认同。

例如，关于“美是客观存在还是主观感受”这一辩题，反方的一段总结陈词中不仅引用了黑格尔的话，还引用了“楚王好细腰”“唐皇爱丰满”和“沉鱼落雁”的典故，证明了己方“美是主观感受”的论点。

第一，客观存在的事物只有融合了人的主观想象与情感才会显得美，从山川河流到花鸟鱼虫，从春夏秋冬到风云雨雪，我们看到客观事物是不以人的主观意志为转移的，正所谓“天行有常，不为尧存，不为桀亡”，只有有了人的主观想象，才会有山舞银蛇、原驰蜡象，欲与天公试比高。

第二，我们认为，审美的标准和结果，因人们的客观生活经历和文化背景而不同。楚王好细腰，唐皇爱丰满，在情人眼中，对方无论如何都如沉鱼落雁。美，其实是源于人们的主观想象和内心情感的，是人们借助客观事物来表达人情冷暖的。

（三）引申归谬法

引申归谬法是辩论者在反驳对方的论点时，先假设对方的论点是正确的，然后寻找对方的荒谬点，放大其错误，使结果更加荒谬，从而达到驳倒对方的目的。

《樗斋雅谑》载：近，一友母丧。偶食红米饭，一腐儒以为非居丧者所宜。诘其故，谓：“红，喜色也。”友曰：“然则食白米饭者，皆有丧耶？”

（四）揭露矛盾法

揭露矛盾法是辩论者通过分析对方的论辩，抓住对方推理过程中自相矛盾的地方加以揭露，即“以子之矛，攻子之盾”。

在一场题为“大学毕业生择业的首要标准在于发挥个人专长”的辩论中，反方二辩说道：“我方一辩的首要标准是到祖国最需要的地方去，没有地基的房子没法住，这是一个再简单不过的常识。可是今天对方辩友不首先向大家论证为什么全体大学生要有统一的择业首要标准，却舍本逐末，大谈特谈所谓首要标准……我方认为，对于全体大学生来说，根本不存在统一的择业首要标准……”

正方立刻答道：“对方二辩一开始就说，首要标准是到祖国最艰苦的地方去，但是又马上改口说，大学生没有统一的首要标准，不知道是不是自相矛盾。”这段话顿时赢得了全场的掌声。

（五）类比相推法

类比相推法是辩论者在考察两类事物某些相同或相似属性的基础上，推断它们另外的属性也相同或相似。这种方法用形象的类比取代了抽象的说理，灵活机动，能够化深奥为浅显，使得道理更为清楚。

在一场题为“金钱是否是万恶之源”的辩论中，正方为了证明金钱是万恶之源，列举了古今中外很多与金钱有关的罪恶事例，但反方驳道：“……今天如果你走在大街上，看到一只狗，你踢它一脚，看到一只猫，你踩它一下，到底这是因为你有暴力倾向，还是因为那只狗和那只猫欠你钱呢？”反方通过描述生活中的细小场景，用形象类比的方式就清楚地表明了很多时候人们做坏事根本与“钱”无关，使自己的立场更能深入人心。

在辩论中使用类比相推法时，辩论者不仅要注意其使用限制，还要从逻辑上把握类比的特征，切忌生拉硬套、机械类比，造成诡辩。

小贴士

诡辩，又称“狡辩”，一般指外表上、形式上好像是运用正确的推理手段，实际上违反逻辑规律，做出似是而非的推论。哲学家黑格尔曾经说过：“诡辩这个词通常意味着以任意的方式，凭借虚假的根据，或者将一个真的道理否定了，弄得动摇了，或者将一个虚假的道理弄得非常动听，好像真的一样。”

（六）以“虚”制“虚”法

辩论中的“虚”是指客观世界中不存在的事物，它是由人们凭空虚构的。当对方企图用一些虚幻的、无法验证的论证时，辩论者不妨“以其人之道还治其人之身”，自然有效地应付对方的刁难。

阿江和阿明喜欢抬杠。有一天，碰巧两人在一起，阿江问：“你家新盖的房子花了多少钱？”阿明说：“一厘钱。你如果想买，拿一厘钱我就卖给你。不过我只收你一厘钱，多了我可不要。”“是吗？”阿江笑了笑说：“那么我给你一分钱，你找我九厘钱好了。”

分析：阿明本想用“一厘钱”这个虚假概念使阿江陷入困境，但是阿江反过来让阿明给自己九厘钱，以“虚”制“虚”，变被动为主动。

（七）顺水推舟法

顺水推舟法是辩论者按照对方的思维模式因势利导，或者以对方的核心论点为前提进行演绎推理，得出一个明显错误或荒谬的结论，然后发起猛攻，制服论敌。这种方法巧在对对方攻势的利用，化敌之力为我之力，可收到“四两拨千斤”的奇效。

有一次，毛拉和几个人在野外行走，突然传来“哞——哞——”的牛叫声。这几个人不怀好意地对毛拉说：“牛在叫你呢，快去听听，看它要对你说些什么？”毛拉去了一会儿，回来告诉他们：“牛问我，‘为什么要和几头野驴出来溜达？’”

分析：毛拉面对那些人的攻击，并没有直接与之对抗，而是顺水推舟，借牛之口将对方说成是野驴。

（八）巧问制敌法

在辩论中，发问本身是对对方观点的反驳，是一种不容忽视的辩论技巧。问得好，问得妙，辩论者就可以暗设圈套，牵着对方的鼻子走，进而取得辩论的主动权。因此，辩论者事先都应准备一些问题作为辩论场上的“独门暗器”。

有一个聪明的人在皇宫里做官。一天上朝时，他对众大臣说：“各位大人，我知道大家心里在想什么，不信的话，我可以和大家打赌。”众大臣虽然知道他足智多谋，但却不相信他能完全猜对大家的内心想法，于是纷纷出钱和他打赌。一方面想赢他的钱，另一方面也想让他在皇上面前出丑。

皇上对此事也很感兴趣，于是传旨，命打赌的双方上殿一试。那个聪明的人对众大臣说：“在座的诸位大人心里怎么想的，我都知道，我说出来你们看对不对。现在大家心里正在想——‘我这辈子都要效忠皇上，永远也不会背叛朝廷。’各位大人心里是不是这样想的？如果哪位大人指出我猜得不对，请立刻站出来。”众大臣听了，面面相觑，张口结舌，没有人敢站出来说他猜得不对，并一致认为他确实猜透了自己的心思，都认输了。

在现实生活中，处处都有辩论。要想成为一名优秀的辩论者，不仅要掌握多种辩论技巧，还要拥有丰厚的知识底蕴、良好的理论素养及高尚的品德修养。只有这样，才能在辩论场上展示人格魅力，成为真正夺目耀眼的优秀辩论者。

口才训练营

一、训练目标

通过小型辩论赛，让学生进一步掌握辩论的技巧，感受辩论语言的魅力。

二、训练内容

选择下列辩题中的一个（也可以自拟辩题），在课堂上举行一场小型辩论赛。

（1）代沟的主要责任在长辈。//代沟的主要责任在晚辈。

（2）在校期间，修德重于修业。//在校期间，修业重于修德。

（3）气质是刻意追求来的。//气质不是刻意追求来的。

（4）“网红经济”是未来趋势。//“网红经济”是昙花一现。

三、训练评价

（1）语言流畅、立意明确，能多角度、多层次分析、理解、认识辩题。

（2）思路清晰，立场坚定，逻辑正确，应对灵活。

视野纵横

墨子与楚王论攻防

楚王决定用公输般制造的云梯攻打宋国。墨子听说后，赶紧从鲁国动身，走了十天十夜来到楚国。

墨子先去见了公输般。公输般问：“先生有何见教？”墨子说：“北方有人侮辱了我，我想借你的手杀掉他。”公输般没有答应。墨子又说：“我可以送你很多钱财。”公输般回答：“我奉行仁义，决不杀人。”墨子站起来，对公输般拜了两次，说：“我听说你造了云梯，楚王会用它攻打宋国，可是宋国有什么罪？楚国土地有余而人口不足。牺牲自己本就不足的人民，而去争夺过剩的土地，这不能算是明智的。宋国无罪，却去攻打它，这不能算是仁义的。明知这些道理却不去谏诤，不能算是忠君的。谏诤达不到目的，这不能算是尽力的。你仁义不杀一人，却去杀宋国众多的人，这不能算是明白事理的。既然这样，为什么不停止攻打宋国呢？”公输般被说服了，但还是摇头说：“不行，我已答应过楚王了。”墨子见公输般不答应，便要求公输般带他去见楚王。

在楚王面前，墨子说：“有一个人，自己有华贵的彩车，却想着偷邻居的破车；自己有锦绣衣裳，却想着偷邻居的粗布衣服；自己有好饭肉食，却想偷邻居的糟糠。这是一个怎样的人呢？”楚王回答：“他一定患了盗窃病。”墨子诚恳地劝道：“楚国的土地方圆五千里，宋国的土地方圆五百里，这就像彩车和破车。楚国有云梦泽，里面满地都是犀牛、麋鹿，长江、汉水里出产鱼、鳖、鳄鱼，多得吃不完，宋国却连野鸡、野兔、小鱼都没有，这就像好饭肉食与糟糠。楚国有松树、梓树、楠木和樟树，宋国却很少有大树，这就像锦绣衣裳与粗布衣服。大王要去攻打宋国，这跟这个有盗窃病的人的行为是一样的。臣认为，大王必伤损'仁义'，而得不到宋国。"

虽然楚王觉得墨子说得很有道理，但还是不肯放弃攻打宋国的计划。墨子见状，便对楚王说："如果你坚持要攻打宋国，我就会帮助宋国守城。你能攻，我能守，你也占不了便宜。"楚王听了很感兴趣，便让墨子和公输般把他们守城和攻城的办法演练一番。墨子和公输般一守一攻，直到公输般把攻城的方法都用完了，墨子还有很多守城的办法没有使出来。楚王看到墨子守城的本领后，知道打胜宋国的希望渺茫，只好说："先生说得对，我决定不攻打宋国了。"

就这样，一场即将发生的战争被墨子成功地阻止了。

资料来源：搜狐网，有改动

探索提高

一、填空题

1. ________是选择和确定演讲的论题。
2. ________是体现即兴演讲能力的主要因素之一。
3. 辩论一般由________和反驳两个基本环节构成。
4. 撰写演讲稿时，演讲者应有意识地给听众留出一定的________。
5. 在辩论过程中，辩论双方都应做到逻辑严密。首先，概念要明确；其次，________。

二、不定项选择题

1. 下列各项中，说法不正确的有（　　）。

   A．演讲选题具有随意性

   B．演讲时，演讲者需要考虑多方面因素

   C．演讲者应选择自己熟悉并为之所动的论题

   D．长时间只能讲大论题，短时间只能讲小论题

2. （　　）在演讲稿中处于显要地位，是奠定演讲成功的基础。

   A．标题　　B．开头　　C．主体　　D．结尾

3. 辩论分为（　　）。

   A．日常辩论　　B．专题辩论　　C．法庭辩论　　D．赛场辩论

4. 下列关于即兴演讲的语言表达，说法不正确的是（　　）。
   A. 简明扼要，符合听众风格
   B. 语调高低起伏变化，激情振奋人心
   C. 言之有物，融入个人真情实感
   D. 以专业术语为主，多用长句，少用修辞
5. 常见的演讲稿结尾形式有（　　）。
   A. 呼应式　　B. 感召式　　C. 鼓舞式　　D. 总结式
6. 在命题演讲中，常用的演讲造势技巧包括（　　）。
   A. 欲扬先抑法　　B. 语义转折法　　C. 铺陈渲染法　　D. 引用说理法
7. 即兴演讲的材料组合形式包括（　　）。
   A. 并列式　　B. 正反式　　C. 递进式　　D. 综合式
8. 下列各项中，说法正确的有（　　）。
   A. 在辩论过程中，辩论双方仅需进行抽象的理论论证即可
   B. 用形象的类比取代抽象的说理，能够使道理更为清楚
   C. 在辩论场上，只要掌握各种辩论技巧就能获胜
   D. 在辩论过程中，发问是一种不容忽视的辩论技巧

三、简答题

1. 在命题演讲中，调动听众情绪的技巧有哪些？
2. 辩论的语言特征有哪些？
3. 即兴演讲的素质要求包括哪些？
4. 简述命题演讲、即兴演讲、辩论演讲的区别与联系。

四、案例分析题

某学校组织了一次以“爱国主义”为主题的演讲比赛。很多学生都从时事和政治的角度入手，对传统爱国主义观进行了阐述。而有一名学生的演讲与众不同，他从“四大发明”入手，对爱国主义的主题进行了深化。

他说：“过去我经常讲我国有四大发明，并引以为豪。然而今天，当我再讲四大发明的时候，我的脸红了。几千年以前，我们的祖先就以其超人的智慧搞了四大发明，为整个人类社会做出了伟大的贡献。然而，几千年后的今天，他们的子孙们又搞出了几大发明呢？难道我们每天躺在祖先四大发明的功劳簿上沾沾自喜，洋洋得意地炫耀一番就是爱国了吗？不，这绝不能称之为爱国。真正的爱国者，应该学习祖先们的创造精神，搞出十大发明，甚至百大发明，为祖国和人民做出更大的贡献！”这名学生的演讲赢得了全场听众雷鸣般的掌声。

问题：怎样确定演讲主题和演讲的切入点才能够让演讲更加精彩？如果你参加了这次演讲比赛，你会如何阐述？

实战演练——“手机与阅读”演讲比赛

延续传统阅读，接轨数字阅读

【任务背景】

近年来，推广全民阅读已成为国家文化重要发展方向之一。越来越多的文本内容和越来越丰富的呈现方式，不断推动着数字阅读行业多元化发展。5G 时代更是为全民阅读的数字化新体验带来了新机遇和挑战。

在这个信息化时代，手机已经成为大多数人的必需品，但是痴迷手机、过度依赖各种电子产品，不仅会损害身体健康，削弱社交能力，还会造成心理上的“隐形危害”。同时，“没时间读书”也成为现代人阅读率下降的主要原因。

【任务目标】

通过“手机与阅读”命题演讲、即兴回答、辩论演讲比赛，学生不仅要掌握演讲的相关知识，应用相关演讲技巧，提高自己的演讲能力；还要自觉养成阅读的好习惯，汲取精神营养，开阔视野，提升技能，增长知识，陶冶性情，增强文化修养，完成自我突围和文化接续。

【任务实施】

组织形式	小组任务
任务分组	根据班级人数，将学生分为若干个小组，每组 3～5 人
任务准备	（1）推选主持人。全班学生推选一名活动能力强、具有一定主持经验的同学担任演讲比赛的主持人。 （2）确定演讲内容。 ➢ 命题演讲（含即兴回答）：手机与阅读。 ➢ 辩论演讲：手机利大于弊//手机弊大于利。 （3）确定比赛流程。 ➢ 第一场：命题演讲。参赛选手演讲完毕，由评委老师就演讲内容提问，选手必须在 1 分钟内做出即兴回答。 ➢ 第二场：辩论演讲。设陈词、攻辩、自由辩论、总结陈词 4 个环节。 （4）制订评分标准。 ➢ 命题演讲（含即兴回答）：由评委进行打分，采用 100 分制进行评判，最后取平均分为最后得分。

（续表）

任务准备	➤ 辩论演讲。 ① 团体分，共 100 分。其中，陈词 20 分，攻辩 20 分，自由辩论 30 分（自由辩论提倡积极交锋，对重要发问总是回避交锋达两次以上的一方扣分，对于对方已经明确回答仍然纠缠不放的，适当扣分），总结陈词 20 分，团队配合、临场反应 10 分。 ② 辩手个人得分，共 60 分。其中，语言表达 10 分，整体意识 10 分，辩驳能力 10 分，临场反应 10 分，逻辑思维 10 分，综合印象 10 分。最佳辩手由得分最高者获得。 （5）组织演讲材料。赛前以小组为单位进行审题、立论、搜集资料、制订战术、撰写演讲稿及辩词等准备工作。 （6）推选小组代表。各组成员推选一名或两名语言表达和情感表达能力强的同学作为演讲代表。其中辩论比赛需要 4 名同学，分别为一辩、二辩、三辩、四辩。 （7）邀请评委和点评教师。活动开始前，学生邀请辅导员、其他任课教师 2～4 名担任评委和点评教师
实施流程	（1）主持人致辞。 （2）明确演讲规则。 ➤ 总体规则：比赛开始后，各参赛选手不得无故退出比赛。 ➤ 命题演讲。 ① 本次演讲的内容必须围绕“手机与阅读”的主题，结合实际，突出重点，主题鲜明，切忌空谈理论。 ② 演讲时间限定在 6～8 分钟。即兴回答限定在 2 分钟以内。 ③ 参赛选手必须使用普通话，采用站立式脱稿演讲。 ➤ 辩论演讲。 ① 陈词阶段：按先正方后反方的顺序进行，共 6 分钟。每方的陈词由一辩一次完成，限时 3 分钟。时间用完时有哨声提示，发言必须停止。 ② 攻辩阶段：共 12 分钟。正反方的二辩、三辩进行攻辩（二辩、三辩各有且必须有一次为攻方）；攻辩由正反方的二辩开始交替进行（先正方后反方）。辩方可由攻方任意指定，不受次数限制。攻辩双方必须单独完成攻辩，不得中途更替。正反方选手必须站立完成每一轮攻辩，攻辩双方落座视为完成本方攻辩。 ③ 自由辩论阶段：双方各 4 分钟，共 8 分钟。正反方辩手自动轮流发言，发言辩手落座视为发言结束，即为另一方发言开始的计时标志，另一方辩手必须紧接着发言；若有间隙，累计时间照常进行。同一方辩手的发言次序不限。如果一方时间已经用完，另一方可继续发言。 ④ 总结陈词阶段：双方各 4 分钟，共 8 分钟。每方总结陈词由四辩进行，限时 4 分钟，由反方先发言。每方用时还剩 30 秒时一次哨声提示，时间用尽时两次哨声提示，发言必须停止。 （3）开展演讲活动。 （4）评委打分。 （5）评委点评。 （6）统计分数并宣布结果

探索学习评价

指导教师根据学生的探索学习情况对其进行评价，学生配合指导老师共同完成如表 3-1 所示的探索学习评价表。

表 3-1　探索学习评价表

<table>
<tr><td colspan="2">班级</td><td></td><td>组号</td><td></td><td>日期</td><td colspan="2"></td></tr>
<tr><td colspan="2">姓名</td><td></td><td>学号</td><td></td><td>指导教师</td><td colspan="2"></td></tr>
<tr><td colspan="2">项目名称</td><td colspan="6">激发无限可能，练就卓越口才——演讲技巧训练</td></tr>
<tr><td rowspan="2">评价维度</td><td rowspan="2">一级指标</td><td rowspan="2">二级指标</td><td rowspan="2" colspan="2">评价标准</td><td rowspan="2">分值</td><td colspan="2">评分</td></tr>
<tr><td>自评</td><td>师评</td></tr>
<tr><td rowspan="2">知识
20%</td><td rowspan="2" colspan="2">重难点知识</td><td colspan="2">对命题演讲、即兴演讲、辩论演讲有较为深入的了解</td><td>8</td><td></td><td></td></tr>
<tr><td colspan="2">掌握命题演讲、即兴演讲、辩论演讲的相关技巧</td><td>12</td><td></td><td></td></tr>
<tr><td rowspan="5">能力
30%</td><td rowspan="2">自主学习能力</td><td>梳理能力</td><td colspan="2">能够梳理演讲稿的撰写要求，并按要求撰写演讲稿</td><td>6</td><td></td><td></td></tr>
<tr><td>领悟能力</td><td colspan="2">能够准确把握辩题的内涵和外延，对所持立场能多层次、多角度理解</td><td>6</td><td></td><td></td></tr>
<tr><td colspan="2">信息检索能力</td><td colspan="2">能够灵活利用各种渠道搜集相关资料</td><td>6</td><td></td><td></td></tr>
<tr><td rowspan="2" colspan="2">实践创新能力</td><td colspan="2">能够独立分析问题并提出解决问题的新方法</td><td>6</td><td></td><td></td></tr>
<tr><td colspan="2">能够找到创新的思路和方向，确保创新活动沿着正确的方向前进</td><td>6</td><td></td><td></td></tr>
<tr><td rowspan="5">素质
20%</td><td rowspan="3">课堂表现</td><td>纪律意识</td><td colspan="2">遵守课堂纪律，认真完成课堂与课后作业</td><td>4</td><td></td><td></td></tr>
<tr><td>互动意识</td><td colspan="2">积极发言，完成课堂互动</td><td>4</td><td></td><td></td></tr>
<tr><td>改进意识</td><td colspan="2">勤于思考，善于总结</td><td>4</td><td></td><td></td></tr>
<tr><td rowspan="2">实践活动</td><td>仪容仪表</td><td colspan="2">大方得体，把握分寸</td><td>4</td><td></td><td></td></tr>
<tr><td>团队精神</td><td colspan="2">尊师爱友，积极合作，团结奋进</td><td>4</td><td></td><td></td></tr>
</table>

（续表）

评价维度	一级指标	二级指标	评价标准	分值	评分	
					自评	师评
活动30%	命题演讲		演讲稿结构清晰，观点鲜明，论据充足，逻辑性强	3		
			演讲时姿态自然、动作适度、富有感染力	3		
			节奏处理得当，技巧运用自如	3		
	即兴回答		表达流畅，用词准确	3		
			内容贴近生活，富有鲜明的时代感，结构完整	3		
			感情真挚，善于交流	3		
	辩论演讲		比赛中尊重对手、评委和观众，队员间相互支持配合	3		
			论点鲜明，论据充分，逻辑性强	3		
			回答问题精准，处理问题有技巧	3		
			敢于创新，勇于表现，临场应变能力强	3		
合计				100		
总评	互评（30%）+师评（70%）=					
教师评语				教师（签名）：		

探索学习笔记

探索学习要点与难点

已解决的问题及解决方法

待（未）解决的问题

探索学习体会与收获

项目四

摆脱词不达意，掌控高效交流——社交口才应用

项目导读

口才对人类来说，具有无法估量的作用。随着人们社会交往的日益频繁，越来越多的人意识到了社交口才的重要性。拥有良好的社交口才可以使自己在人际交往中“游刃有余”，让自己的事业“如虎添翼”，极大地提升自己在人际交往中的个人魅力。本项目从口才在待人接物和沟通表达两方面的应用进行阐述，详细介绍了在生活中如何掷地有声、侃侃而谈、打动人心、高效交流。

学习目标

素质目标 SUZHI MUBIAO

（1）树立与他人和谐相处、礼貌沟通的意识。

（2）具备实事求是、严谨认真的态度。

知识目标 ZHISHI MUBIAO

（1）掌握生活中待人接物的技巧。

（2）掌握生活中常用的沟通表达技巧。

能力目标 NENGLI MUBIAO

（1）能娴熟地待人接物。

（2）能在生活中熟练地运用各种沟通表达技巧。

探索一 待人接物

学习清单

每完成一项学习任务，就在对应的方框中打一个钩。

课前预习	□	预习课本知识，了解待人接物的相关知识
	□	与同学交流，说说自己平常生活中关于待人接物方面的做法
	□	思考学习待人接物技巧的意义
课中学习	□	正确认识待人接物的常用技巧
	□	掌握介绍、交谈、拜访和接待等待人接物技巧
实践练习	□	通过模拟演练，能够运用介绍、交谈、拜访和接待等技巧，提高自己的人际交往和谐度
课后复习	□	结合自身情况，为自己制订相应的训练计划，开展自我训练或互相监督训练，以提升自己的待人接物能力
	□	与同学协作，进行待人接物能力互评

口才初探

一次失败的工作经历

小宁毕业后进入某公司工作，被分配在营销部门，但他很快发现自己并不适合这份工作。为了提升业绩，他常去拜访客户，但客户要么是冷眼相对，要么是听完小宁的自我介绍后就不再搭理他了。

于是，小宁向朋友抱怨自己与客户交谈时的痛苦：我不知道该如何与客户交谈，我问他们问题，却得不到回应。于是我不停地发问，感觉自己像在审问疑犯一样。我无法像其他同事那样愉快地与客户聊天，进而了解他们的兴趣，并适时推销公司的产品。别人觉得工作是一件很愉快的事情，也很有成效，而我觉得这份工作又麻烦又痛苦。同事和我说要注意称呼和说话方式，如称呼年轻女子不要小姐长小姐短的……

资料来源：360 图书馆，有改动

探索与思考

小宁为什么会觉得营销是一件痛苦的事情？他的问题出在哪里？

探索点拨

小宁由于缺乏与人交谈沟通的能力，在人际交往方面存在很多障碍，如不能合理地提问、不会寒暄、不会寻找合适的话题等，才会觉得营销是一份很麻烦、很痛苦的工作。在与客户沟通时，人们应注意以下几个方面。

（1）自我介绍要抓住他人的心理，不要让他人有厌烦或不安的感觉。

（2）在不同的场合，针对不同的对象，要合理运用不同的表达方式，通过准确简练的语言，表情达意，顺利实现交谈目的。

（3）拜访客户前，做好准备；拜访客户时，注重礼仪；拜访客户后，表示谢意。

探索学习

一、介绍

介绍是指通过自己主动沟通或通过第三人从中沟通，从而使交往双方相互认识、建立联系的一种社交方式。在社交活动中，主要的介绍方式有自我介绍和介绍他人。

（一）自我介绍

自我介绍是指与他人初次见面时，将自己介绍给他人，使其认识自己。自我介绍是结识新朋友、扩大交际圈的有效方法，合乎礼仪的自我介绍能够有效地展示个人修养和魅力，给他人留下良好印象。

1. 自我介绍的方式

扫一扫

自我介绍的万能公式

一般而言，自我介绍的方式主要有以下几种。

（1）应酬式自我介绍，主要适用于某些公共场合和一般的社交场合（如旅途中、舞会上等），用于向对方表明自己的身份。这种自我介绍的内容少而精，往往只包括姓名，如“您好！我叫张××。”

（2）工作式自我介绍，主要适用于工作场合，其内容一般应包括姓名、所在单位及部门、担任的职务等。其中，姓名必须完整，既有姓也有名；所在单位及部门应为全称，有时可只报出单位名称；若职位较低或无职务，则可报出所从事的具体工作。例如，“您好！我叫王××，是××公司的业务经理。”

（3）交流式自我介绍，主要适用于一般的社交场合，用于寻求与交往对象的进一步交流和沟通。这种自我介绍的内容一般应包括姓名、工作、籍贯、爱好，以及与交往对象有某些联系的事物。例如，“您好！我叫张××，在××公司工作，河北人。我和您一样，喜欢打篮球。”“您好！我叫李××，在××公司工作，您的同学赵××是我的同事，他常向我提起您。”

（4）礼仪式自我介绍，主要适用于讲座、报告、演出、庆典、仪式等一些正式而隆重的社交场合，用于向交往对象表示友好和敬意。这种自我介绍除了包括姓名、单位、职务等个人信息外，还应加入一些表示欢迎、感谢之类的谦辞、敬辞等。例如，“各位来宾，大家好！我叫张××，是××公司的业务经理。我代表本公司全体员工欢迎大家参加今天的周年庆典，愿各位在此度过一个美好的周末。”

（5）问答式自我介绍，主要适用于应试、应聘、公务交往等社交场合，主要特点是“你问我答”。这种自我介绍的内容应与交往对象所提的问题相对应。例如，主考官说“你好！请介绍一下你的基本情况”，应聘者回答“您好！我叫李欣然，24 岁，河南洛阳人，汉族……”

2. 自我介绍的注意事项

在进行自我介绍时，除了应注意方式之外，介绍者还应注意以下事项。

（1）注意顺序。多人相互自我介绍时，通常应按照以下顺序进行：主人与客人相互介绍时，主人应先作自我介绍；男士与女士相互介绍时，男士应先作自我介绍；长辈与晚辈相互介绍时，晚辈应先作自我介绍；职位高者与职位低者相互介绍时，职位低者应先作自我介绍。

（2）讲究态度。进行自我介绍时，一般应保持站立姿势，面带微笑，目光坦然，语气平和，举止庄重、大方，表现出亲切、自然、友善的态度。

（3）把握时间。首先，自我介绍应在对方有空闲、情绪较好、有兴趣认识自己时等合适的时间点进行，切勿在对方休息、用餐、忙于处理事务、心情不好时等时间点进行，否则可能会引起对方的反感，不利于进一步沟通。其次，自我介绍的时间一般应控制在一分钟之内，否则会显得啰唆，易使对方厌烦。

口才互动吧

假如你是刚进公司的新职员，公司为所有新员工召开了一次迎新大会。在大会上，主持人介绍你：“这是我们公司新来的……”于是，会场上响起了一片热烈的掌声。接下来，该由你发言，你会怎么样介绍自己（限时 2 分钟）？

（二）介绍他人

介绍他人是指作为第三方为彼此不相识的双方引见，使他们相互认识，建立联系。其中，被介绍的双方为被介绍者，介绍双方的人为介绍者。

1. 介绍他人的方式

介绍他人时，介绍者应根据不同场合或不同需要，采用不同的方式进行。通常，介绍他人的方式主要有以下几种。

（1）标准式介绍，主要适用于正式场合，其内容应以被介绍者的姓名、单位、职务为主。例如，“我来为二位引见一下。这位是××公司销售部经理张××，这位是××公司总经理李××。”

（2）简单式介绍，主要适用于一般的社交场合，其内容往往只包括被介绍者的姓名。例如，“我来介绍一下，这位是王××，这位是张××。”

（3）强调式介绍，可适用于各种交际场合，其特点是介绍者刻意强调自己与其中某位被介绍者之间的关系，以便引起另一位被介绍者的重视。例如，“这位是我的侄女刘××，请张××多多关照。”

（4）推荐式介绍，常用于比较正式的场合，其特点是介绍者将某位被介绍者举荐给另一位被介绍者，并着重介绍前者的优点或专长。例如，“曾总，您好！这位是××公司的王××。他是一位出色的企业管理人才，对企业管理颇有研究。你们可以聊一聊。”

2. 介绍他人的注意事项

在介绍他人时，除了应注意方式之外，介绍者还应注意以下事项。

（1）了解情况。在介绍他人之前，应先了解一下被介绍双方的情况，以免张冠李戴。

（2）征求意愿。在介绍他人之前，应先征求一下双方的意愿，以免为本来相识或不愿相识的双方去做介绍，致使三方尴尬。

（3）注意姿态。作为介绍者，无论介绍哪一方，都应举止文雅、面带微笑、热情友好。同时，介绍语应简单明了、脉络清楚。

（4）注意顺序。介绍他人时，应遵循先卑后尊、先少后长、先男后女、先主后客、先下级后上级的原则进行。例如，介绍上级与下级认识时，应先介绍下级，后介绍上级；介绍长辈与晚辈认识时，应先介绍晚辈，后介绍长辈；等等。

（5）把握语言。介绍他人应当言辞准确，完整地表述被介绍者的姓名和头衔，不可含糊其词。同时，介绍语言应简洁，以便双方能相互记住对方的姓名及基本信息。此外，介绍语言应避免厚此薄彼，否则，有失礼仪。

（6）注意时间。介绍他人的时间不宜过长，通常应控制在两分钟之内。

（7）注意引导。介绍他人结束后，介绍者应稍停片刻，引导被介绍双方进行交谈后再离开。

小贴士

被介绍者在介绍者询问自己是否有意认识某人时，一般应欣然表示接受。如果实在不愿意，应向介绍者说明缘由，以获得谅解。

在介绍者介绍完毕，被介绍双方应按合乎礼仪的顺序握手致意或相互点头微笑致意，彼此问候，并进行适当的交谈，必要时还可进一步作自我介绍。

口才训练营

一、训练目标

通过模拟演练，帮助学生掌握不同场合下的自我介绍和介绍他人。

二、训练内容

（1）如果你被应邀参加一项活动，并表演节目，你将如何自我介绍？

（2）假如你是公司的业务员李伟，准备上门推销产品，请你向客户介绍自己。

（3）学校组织青年创新创业论坛活动，邀请某集团创始人在开幕式上对有志创业的年轻人讲几句话，请你以主持人的身份对集团创始人做一番介绍。

三、训练评价

（1）自我介绍符合特殊场景的礼貌用语。

（2）介绍他人时紧密结合被介绍者的特点，详略得当，突出人物形象。

（3）介绍时，语言既得体，又与情境相吻合。

口才知识窗

其他介绍类型

自我介绍和介绍他人主要指人与人之间的介绍。除了这两种介绍外，介绍还包括事物介绍、事件介绍和环境介绍。

（1）事物介绍通常分为事物类介绍和事理类介绍。事物类介绍应抓住事物的形状、方位、性质、成因、发展过程、制作方法及效能功用等特征进行介绍；事理类介绍应着重介绍事物的概念、种类、本质属性、内部规律及科学原理等内容。无论是事物类介绍还是事理类介绍，介绍者都必须抓住事物的特点，用准确、清楚的语言给人以完整、明确的认识。

（2）事件介绍是指向别人介绍某件事情的发生、发展、变化和结局。在介绍时，介绍者要理清线索，突出重点，展现出事件的来龙去脉。

（3）环境介绍是指向别人介绍自己所生活或曾经见识、体验过的环境，如学校环境介绍、家乡景色介绍、名胜古迹介绍等。在介绍时，介绍者要明确方位、分清层次、突出重点、通俗生动。

二、交谈

交谈是人们在日常交往中为了达到一定目的而进行的口才双向表述活动。交谈是人们进行日常交往的基本形式之一，也是人们交流思想、沟通感情、交换意见、建立联系、消除隔阂和协调关系的重要手段。

（一）交谈的话题

与他人交谈时，交谈者应根据交谈对象的性别、年龄、性格、民族、职业、身份、文化水平等因素，选择合适的话题，以便交谈对象参与其中或与之产生共鸣，从而达到沟通与交流的目的。具体而言，与他人交谈时，交谈者宜选择以下话题。

1. 既定的话题

既定的话题，即交谈各方事先商定的或其中一方事先准备好的话题。一般情况下，讨论问题、征求意见、传递信息等交谈涉及的话题都属于既定的话题。既定的话题最好由各方商定，若由一方确定，则应得到其他方的认可。

2. 擅长的话题

擅长的话题，即交谈对象有研究、感兴趣或熟知的话题。例如，与作家交谈时，可选择文学创作方面的内容；与律师交谈时，可选择法律方面的内容；等等。这类话题可为交谈对象创造发挥长处的机会，进而调动其交谈的积极性。

口才加油站

专家出山的故事

刘某成立了一家公司，想请专家王老任其技术指导。但王老已经退休，且性格怪异，想请他出山估计没那么容易。经人介绍后，刘某在友人家中与王老见了面。但是，不管刘某多么殷勤，王老也不买他的账。

刘某正发愁如何才能改变王老对自己的态度时，王老掏出一本古钱币图谱目不转睛地看了起来。刘某看到王老的举动，灵机一动，便凑过去向王老讨教：“王老，您也喜欢研究这个呀？有人送我几枚银圆，不知道是否可以向您请教一下怎样才能辨别它们的真伪？”王老一听刘某对古钱币感兴趣，立刻来了精神，高兴地为刘某介绍起了自己的钱币图谱和辨别银圆真伪的知识。其间，刘某还不时地就一两个细节再次讨教王老，并与王老进行热烈的讨论……最后，一切都水到渠成，王老自愿出山担任刘某公司的技术指导。

资料来源：百度文库，有改动

3. 高雅的话题

高雅的话题，即内容文明、格调高雅的话题，如哲学、文学、艺术等。交谈者选择这类话题可以体现自己的见识和修养，但切忌班门弄斧、不懂装懂，否则会贻笑大方。

4．轻松的话题

轻松的话题，即谈起来能让交谈对象感到轻松、愉快、不觉劳累的话题，如旅游观光、流行时尚、电视电影等。这类话题有利于营造融洽的交谈氛围，常适用于一般的社交场合。

小贴士

与他人交谈时，交谈者应回避对方忌讳的话题，包括政治倾向、商业秘密、个人隐私（如年龄、婚姻状况、收入、身高、体重等），以及庸俗低级、悲伤压抑的话题（如淫秽传闻、疾病、灾祸、惨案等）等。若不经意提到以上话题，则应立即表示歉意并转移话题。

（二）交谈的语言

语言的运用会直接影响到交谈的效果。交谈者在与他人交谈时，在语言方面应达到文明、准确、简洁易懂的要求。

1．文明

与他人交谈时，语言应当文明、礼貌。首先，应善于使用一些约定俗成的礼貌用语，如“您”“谢谢”“对不起”“再见”等。其次，应避免使用不文雅的语句和说法，切忌说粗话、脏话等。最后，对于不宜明言的事情，可以使用委婉的词句予以表达。例如，交谈中想要上厕所时，交谈者可委婉地说“不好意思，失陪一下”等。

口才知识窗

常用的礼貌用语

初次见面说“久仰”；许久不见说“久违”。
询问姓名说“贵姓”；自称姓名说“敝姓”。
询问年龄说“贵庚”；自称年龄说“虚度”。
他人住处说“尊寓”；自称住处说“寒舍”。
赞人见解说“高见”；自称见解说“愚见”。
欢迎他人说“光临”；没有亲迎说“失迎”。
探望他人说“拜望”；起身作别说“告辞”。
中途先走说“失陪”；等待他人说“恭候”。
送别他人说“慢走”；请人别送说“留步”。
请人饶恕说“恕宥”；自责不周说“失敬”。
请人批评说“指教”；请人指点说“赐教”。
打断别人说“打扰”；请人原谅说“包涵”。

请人帮忙说“劳驾”；托人办事说“拜托”。
求人解答说“请问”；佩服他人说“拜服”。
劝告他人说“奉劝”；告诉他人说“奉告”。
归还东西说“奉还”；赠送东西说“奉送”。

2. 准确

与他人交谈时，交谈者应尽量讲普通话，且要吐词清晰、发音标准、语速适中，准确地表达自己的观点或看法，以便他人能听得清楚、明白。

3. 简单易懂

与他人交谈时，所用的语言应当力求言简意赅，切忌雕琢语言、堆砌辞藻、废话连篇或喋喋不休。同时，用语应当通俗易懂，不可晦涩难懂、有歧义或模棱两可，以免他人产生理解上的困难，从而引起不必要的误会。

扫一扫

交谈的礼仪

（三）交谈的礼仪

与他人交谈时，交谈者应持诚恳、谦虚、谨慎、热情的态度，切不可虚情假意、自以为是或敷衍了事。

1. 表情自然

与他人交谈时，交谈者的表情应当自然、和谐，并与交谈内容相配合。具体而言，交谈者应目光专注，或注视对方，或凝神思考，并适时地运用面部神态上的变化表达自己对交谈内容的理解、赞同、惊讶或迷惑，以促使交谈顺利进行。与多人交谈时，交谈者应不时地用目光与众人交流，以示彼此平等，切忌眼神呆滞、目光游离或者直愣愣地盯着某一交谈对象。

2. 举止得体

在交谈时，人们往往会做出一些有意或无意的肢体动作，这些动作通常是交谈者对谈话内容和谈话对象真实态度的反映，因而必须规范、得体。

具体而言，交谈者可以用适度的动作来补充说明谈话内容，如交谈者可以用点头来传达“我在注意听”或“我赞同”的信息，用手势比画物体大小等。但是，交谈者应避免做出过分、多余或不雅的动作，如手舞足蹈、左顾右盼、揉眼搔头、伸懒腰等。

3. 善于倾听

与他人交谈时，交谈者应善于倾听交谈对象的发言，并配以恰当的表情和举止，以示尊敬。同时，交谈者不可随便打断别人的发言。若确需插话，交谈者应先向对方打招呼或征得对方的同意（如“对不起，我插一句话行吗”），然后再插话，且时间不可过长。

话有引力

获得知心朋友最有效的方法是尽量倾听说话者嘴里说得最多的话，而不加以反驳。

——马克·吐温

4．适当交流

交谈是一个双向或多向的交流过程，需要各方人员的积极参与。因此，在交谈时，交谈者不但要自己发言，还应当给其他人发表意见的机会；当别人发言后，自己也要适时地发表看法，以促进互动式交谈的进行。

口才加油站

"沉默是金"和"口无遮拦"

某公司在培训课程中让10名员工围成一圈，允许他们在一个半小时内畅所欲言，但不可以谈论关于公司的事情。于是，大家开始谈论天气、体育、饮食等，其间还发生了争执。

一个半小时后，每名员工都按自己心目中的好感度对其他员工进行了排序，并把自己安插在合适的序列位置。排序结果显示：排在倒数第一的是从头到尾都没有讲话的人，排在倒数第二的是讲话最多的人。

原因在于，在群体交谈中，若一个人有想法而没有表达出来，那么别人就会认为他没有意见；若一个人讲了很多话，其所讲的一部分话可能很有意义，但言多必失，其所讲之话的部分内容可能不该讲。从这个角度来说，与他人交谈时，"沉默是金"和"口无遮拦"都不可取。

（四）交谈的技巧

幽默是一个人智慧、修养等方面的综合反映，它能够活跃交谈气氛、协调人际关系。与他人交谈时，交谈者巧妙地运用幽默技巧，有利于创造良好的交谈氛围。

1．否定式

否定式，即用否定的方式间接地肯定某事物。例如，一位顾客到饭店吃饭，发现米饭中有很多沙子，于是不得不将沙子挑出来放在桌上，服务员看到后抱歉地问："有很多沙子吗？"这位顾客摇摇头，微笑着说："不，也有米饭。"顿时，两人都笑了。这种幽默让服务员消除了不安心理，同时也让其认识到了问题所在。

话有引力

幽默是生活中的盐。

——高尔基

幽默和风趣是智慧的闪现。

——莎士比亚

2．误解式

误解式，即有意无意地误解谈话语句中的某一词义、发音、所指重点或交谈对象所要表现的某一事物，并给予反逻辑回答或反应，从而制造笑料。例如，一位女士到学校看望受伤的孩子时，被门卫拦住检查证件，这位女士由于着急便生气地说："太过分了，你长心了吗？"为缓解紧张氛围，门卫耸耸肩回答："那需要解剖后才知道。"

3．夸张式

夸张式，即用言过其实的方式表达事物的本质，进而取得幽默效果。例如，一位顾客在餐馆吃饭吃到石子后，将服务员叫过来，指着饭碗里的石子说："你能帮我把这块石头从饭碗里抬出去吗？"

小贴士

在使用幽默技巧时，交谈者应注意时机、场合和对象，要有内涵、不粗俗，并且适可而止，切忌将快乐建立在他人的痛苦之上。

口才训练营

一、训练目标

通过角色扮演，帮助学生掌握交谈的技巧。

二、训练内容

两人一组，根据下列情境，分角色扮演，进行模拟交谈。

（1）一位刚转学的新同学，和新同桌的第一次交谈。

（2）假如你是学院学生会外联部的骨干成员，学院近期将举办"校园好声音"十佳歌手大赛，需要企业赞助。请你主动与相关企业联系，洽谈赞助的相关事宜。

三、训练评价

（1）能主动寻找话题，不冷场，氛围和谐。

（2）交谈中语言简洁、内容扼要、重点突出、语气真诚，能清楚明确地表达自己的意图。

三、拜访和接待

在日常生活中，亲朋好友要相互探望，离不开拜访和接待；工作中迎来送往，也离不开拜访和接待。拜访和接待是一项重要的社交活动，借助于这种活动，人们可以达到相互了解、彼此沟通、加深感情、增进友谊的目的。

（一）拜访

拜访是指拜访者前往他人的工作地点或私人居所会晤对方、探望对方或与之接触。就日常拜访而言，拜访者应注意进门语、寒暄语、会谈语和辞别语四种拜访语。

扫一扫

拜访的礼仪

1. 进门语

拜访者到达拜访地点后，要先礼貌地敲门或按门铃，然后耐心地等待回应。即使门开着，拜访者也应有礼貌地问一声，征得被拜访者的同意后再进入，不要贸然闯入。例如，“请问，屋里有人吗？”入室前，拜访者应根据拜访的形式和内容向被拜访者打招呼。

（1）初次拜访——往往比较慎重，打招呼时应注意礼节。例如，“一直想来拜访您，今天如愿以偿了！”“初次登门，就劳驾您久等，真不好意思！”“真对不起，给您添麻烦来了。”

（2）再次拜访——关系趋向密切，打招呼时不必多礼。例如，“好久没有来看您了。”“我们又见面了，真高兴。”关系较为密切的，不妨以玩笑的口吻说：“我又来了，不招您讨厌吧！”

（3）回复拜访——体现的是“来而不往非礼也”的传统民俗，目的大多出于礼仪或答谢。例如，“上次劳驾您跑了一趟，我今天特地登门拜谢。”“上次托您办事，一定给您添了不少麻烦，今天特地登门拜谢。”

（4）礼仪拜访——大多与慰问、祝贺、酬谢等有关，打招呼应与有关的慰问、祝贺、酬谢等内容联系起来。例如，“听说您生病住院，今天特地来看望您。”“好久不见，借您走马上任的东风，给老朋友贺喜来了。”“听说您的儿子已被名牌大学录取了，特地赶来祝贺！”

口才互动吧

当你登门拜访时，在门口听见里面在争吵，这时你该怎么办？

2. 寒暄语

寒暄的内容很广，如天气冷暖、工作情况、健康状况等。寒暄时的话题应出于自然，符合情境和习惯，不可以随心所欲、信口开河，以免犯禁忌。例如，外国人交往中有“七不问”，即不问年龄、不问婚姻、不问收入、不问住址、不问经历、不问工作、不问信仰。

3. 会谈语

一番寒暄后，拜访者应选择恰当的时机，用言简意赅的语言说明自己的来意，以免耽误被拜访者过多的时间。一般来说，交谈时间以半小时为宜（朋友之间的随意性拜访除外）。谈得太多，既可能影响拜访主旨的表达，又可能出现“言多必失”的情况，进而影响拜访目的的实现。

4. 辞别语

拜访结束后应有辞别语。常用的辞别语有以下几种。

（1）同进门语相呼应。例如，进门时说：“上次托您办事，一定给您添了不少麻烦，今天特地前来拜谢。”辞别时可以说：“再见，再次感谢您的帮忙。”又如，进门时说：“初次登门，就劳驾您久等，真不好意思。”辞别时可以说：“今天初次拜访，十分感谢您为我花了这么多时间。”

（2）表示感谢，请被拜访者留步。拜访者在辞别时，应对被拜访者的热情款待表示感谢，并请被拜访者留步。例如，“十分感谢您的盛情款待，再见！”“就送到这里，请回吧。”“这件事就拜托您了，谢谢！”

（3）邀请对方来自己家做客。拜访者告辞时，除对被拜访者表示感谢外，还可以邀请被拜访者及家属来自己家做客。例如，“老同学，告辞了。您什么时候也到我家坐坐！”“也请你们一家人下次来寒舍聊聊。”

小贴士

（1）拜访时间的选择对于实现拜访目的有很大影响。一般来说，清晨、用餐时、午休、深夜均不宜登门拜访。

（2）万不得已做了不速之客，见面时首先要说：“真抱歉，没打招呼就这么跑来了。”

（3）拜访时，交谈的用语和口气要顾及对方的辈分、地位等，还要看相互间的关系。

（4）拜访者不要忽略被拜访者的家属，应适时地同他们交谈。

（5）如果是多人拜访，不要一个人抢着说话，要让大家都有说话的机会。

（6）遇到另有来客，应前客让后客。例如，“对不起，我有点事。你们谈吧，我先走一步了。”“对不起，我有点事，失陪了。”

（二）接待

接待是与拜访相对应的一种社交活动。孔子云：有朋自远方来，不亦乐乎。拜访者来访，被拜访者态度要友好，接待要热情，送客要诚恳。

1. 热情迎客

拜访者登门拜访时，被拜访者一定要笑脸相迎，热情接待。开门见到拜访者时，被拜访者首先应礼貌、周全、热情的回应拜访者的进门语。例如，“欢迎，请进，请进！”“稀客，稀客，非常欢迎，快请进！”“哪阵风把你吹来了。”

被拜访者如果知道被拜访者的姓名，可直呼其名或称谓，这样能够迅速缩短主客之间的距离，建立友好的关系；如果一时半会想不起来，可以用巧妙的语言加以掩饰。例如，“对不起，上次没听清你的名字。”“你和×××太像了，我都分不清谁是谁了！”询问姓名时，被拜访者要见机行事，实在不好询问的话，可以等拜访者走后再打听。

2. 诚心待客

传统待客讲究“茶、上茶、上好茶”“坐、请坐、请上座”。拜访者进门后，被拜访者一般可用饮料、糖果、瓜子、点心之类待客，并说“请”“不用客气，请品尝”等。

与拜访者交谈时，被拜访者要态度真诚，语气平和，以聆听为主。若拜访者前来求助，即使无能为力，被拜访者也要体谅对方的心情，不要一口拒绝，可以说："你先别急，一旦有消息我就通知你。"若拜访者前来提供帮助，被拜访者宜用感叹语气，表达自己的感激之情，如"非常感谢，你提供的信息太有价值了""你可真是帮了大忙，谢谢"等。

口才互动吧

（1）作为主人，对于前来求助的客人，前来提供信息的客人和前来研究问题、商量工作的客人，应分别采用什么样的方式与之交谈？

（2）有位朋友到你家串门。天很晚了，你也很困，他却没离开的意思。这时你该怎么办？

3. 礼貌送客

当拜访者提出告辞时，被拜访者一定要诚恳挽留，如果拜访者执意要走，则不必强留。拜访者辞行时，被拜访者送客要送至家门外，并说一些告别语，如"你走好""慢走""欢迎再来""经常来玩"等。拜访者请被拜访者留步后，被拜访者要目送拜访者走远，且不要急于转身关门。送完拜访者回屋时，被拜访者关门要轻，以免引起拜访者不必要的误会。

口才训练营

一、训练目标

通过角色扮演，帮助学生熟练运用拜访与接待的相关知识和技巧。

二、训练内容

以小组为单位，自创情景，小组内的同学分别扮演不同的拜访角色，进行接待训练。

三、训练评价

（1）正确使用进门语、寒暄语、会谈语、辞别语。

（2）会谈时尽可能快地进入正题，清楚直接地表达自己要说的事情。

（3）及时告辞，并表示谢意。

视野纵横

弘扬礼仪风尚，传承中华美德

《新时代公民道德建设实施纲要》（以下简称《纲要》）的总体要求指出："要把社会公德、职业道德、家庭美德、个人品德建设作为着力点。推动践行以文明礼貌、助人为乐、爱护公物、保护环境、遵纪守法为主要内容的社会公德，鼓励人们在社会上做一个好公民；推动践行以爱岗敬业、诚实守信、办事公道、热情服务、奉献社会为主要内容的职业道德，鼓励人们在工作中做一个好建设者；推动践行以尊老爱幼、男女平等、夫妻和睦、勤俭持家、邻里互助为主要内容的家庭美德，鼓励人们在家庭里做一个好成员；推动践行以爱国奉献、明礼遵规、勤劳善良、宽厚正直、自强自律为主要内容的个人品德，鼓励人们在日常生活中养成好品行”。

同时，《纲要》在“推动道德实践养成”中指出“充分发挥礼仪礼节的教化作用。礼仪礼节是道德素养的体现，也是道德实践的载体。要制定国家礼仪规程，完善党和国家功勋荣誉表彰制度，规范开展升国旗、奏唱国歌、入党入团入队等仪式，强化仪式感、参与感、现代感，增强人们对党和国家、对组织集体的认同感和归属感。充分利用重要传统节日、重大节庆和纪念日，组织开展群众性主题实践活动，丰富道德体验、增进道德情感。研究制定继承中华优秀传统、适应现代文明要求的社会礼仪、服装服饰、文明用语规范，引导人们重礼节、讲礼貌”。

资料来源：中国文明网，有改动

探索二　沟通表达

学习清单

每完成一项学习任务，就在对应的方框中打一个钩。

课前预习	□	预习课本知识，了解沟通表达的相关知识
	□	与同学交流，说说自己在平时生活中如何与他人进行沟通
课中学习	□	正确认识常见的沟通表达技巧
	□	掌握称呼和寒暄、赞美和批评、说服和拒绝等沟通表达技巧
实践练习	□	通过运用各种沟通表达技巧参加模拟训练，为自己的社交活动增光添彩
课后复习	□	以积极、健康的心态投入人际交往中，运用各种沟通表达技巧开展社交活动

口才初探

季羡林"抄书"

20 世纪 50 年代，季羡林在北京大学讲授语言学。一天，一名学生来向他借一本语言学方面的书籍。季羡林一下子犯了难，因为学生要借的这本书是极其珍贵的孤本古籍，如果在翻阅的时候稍有污损，都将是不可估量的损失。但面对学生渴求的目光，季羡林又不忍心拒绝，便对他说："你过一个礼拜后再过来取，行吗？"学生欢欢喜喜地走了。

一个礼拜后，学生如约来到季羡林的办公室。当他接过季羡林递过来的书时，感到非常意外，这根本不是一本书，而是一叠厚达几百页的、装订得整整齐齐的信纸，上面密密麻麻写满了蝇头小楷。季羡林歉疚地笑道："很对不起！我没能将原本借给你，是因为原本太珍贵了，我打算以后将它捐给国家。现在这本书我概不外借，我怕万一被人损坏，以后对国家就不好交代了，我想你一定能理解我的做法。今天给你的是我的手抄本，尽管看起来有些麻烦，但基本上一字不错、一字不落，是可以一用的……"

学生一听，异常震惊，连连向季羡林鞠躬致谢。对于，要将一本十几万字的书籍完完整整地抄录下来，要有多大的耐心，该有多大的工作量啊！整整一个星期，季羡林日夜伏案，才完成了抄录任务。

资料来源：新浪博客，有改动

探索与思考

（1）从季羡林的"抄书"行为中，你有什么启发？

（2）在人际交往和社交语言表达中，如何把握说话、沟通时的分寸，处理好与他人的关系？

探索点拨

其实，当初学生来借书的时候，季羡林完全可以向他说清实情，当场婉言拒绝，但他却以这样一种出人意料的方式满足了学生的要求，实在令人感动。季羡林在学术上堪称一代大师，在做人处世方面也是令人崇敬的一世楷模。

在人际交往和社交语言表达中，人们应坚持“平等、友善、自尊、自爱”的原则，既不自卑、妄自菲薄，又不盛气凌人、高高在上，在了解社交对象的前提下，处理好与他人的关系，成为一个受大家欢迎的人。

探索学习

一、称呼和寒暄

（一）称呼

称呼是人们在日常交往中所采用的彼此之间的称谓。它是人际交往的开场白，亲切而得体的称呼可以缩短人们感情上的距离，拉近人与人之间的关系。在社交活动中，对于不同场合的不同交往对象，交谈者需要采用不同的称呼。

1. 称呼的原则

（1）尊重原则。尊重是称呼的一条基本原则。不管对方的地位如何，双方的关系如何，在称呼上都要尊重对方。首先，不要没有称呼，忌用“嗨”“哎”“喂”“嘿”等；其次，不要用替代性称呼，如用“一号”“二号”等号码称呼客人；最后，不要用庸俗低级、简化不当的称呼，也不要用绰号作为称呼。

（2）准确原则。称呼别人要准确，避免使他人产生误会，从而导致沟通受阻。称呼他人时，交谈者要事先了解对方的单位、姓名、职务、人物特征等，做到心中有数。

（3）变通原则。称呼他人时，交谈者要根据不同的时机、不同的场合、不同的对象灵活使用称呼。一般情况下，正式场合的称呼正式一些；聚餐、晚会、活动等娱乐性场合的称呼随意一些。

小贴士

如果是在众人交谈的场合，交谈者需要注意称呼的顺序，即先疏后亲、先长后幼、先女后男、先客后主、先上级后下级。

2. 称呼的方式

（1）职务式称呼，即以被称呼者的职务相称，以示身份有别、敬意有加，如“刘经理”“张处长”等。职务式称呼有只称职务、姓氏加职务、姓名加职务（适用于十分正式的场合）三种形式。

（2）职称式称呼，即对于有职称的人，直接以其职称相称，如“李教授”“刘工程师”等。职称式称呼也有只称职称、姓氏加职称、姓名加职称（适用于十分正式的场合）三种形式。

（3）职业式称呼，即对于从事某些特定职业的人，直接称呼其职业，如“老师”“医生”“会计”“律师”等，也可以在职业前加上姓氏、姓名。

（4）性别式称呼，即按性别的不同分别称呼“女士”“先生”等，也可在前面加上姓氏、姓名。

（5）姓名式称呼，即直接称呼对方的姓名。朋友、同事、熟人之间通常直接称呼姓名，或者呼其姓，并在姓前加上“老”“大”“小”等前缀。

口才互动吧

小马进入一家新单位后，她非常恭敬地称部门的老同事为老师，且被大多数同事接受了。当领导把她带到一位同事面前，并嘱咐她以后跟着这位同事学习时，小马更是恭敬地称对方为老师。但这位同事连忙摇头说：“大家都是同事，别那么客气，直接叫我名字就行了。”一瞬间，小马也不知道如何是好。

如果你是小马，你会如何称呼这位同事？

口才训练营

一、训练目标

通过角色扮演，让学生进一步掌握称呼的相关知识。

二、训练内容

通过创设称呼语情景，进行角色扮演。情景示例：向中年妇女、老人、年轻人等不同年龄的路人问路。

三、训练评价

（1）称呼得当，注意场合。

（2）态度真诚，情感真挚。

（二）寒暄

在人际交往中，寒暄是双方见面时互相问候的应酬话，是会客中的开场白，是交谈的序幕。巧妙的寒暄是社交的最好铺垫，能在交谈者之间搭起一座友谊的桥梁，营造良好和谐的沟通氛围。

1. 寒暄的常见类型

（1）问候型寒暄，即问好，是日常生活中最常见的寒暄类型，如“你好”“嗨”“哈喽”等。在一些比较庄重的场合，交谈者可以使用一些书面语风格比较鲜明的问候语，如“幸会”“久仰”等。

（2）言他型寒暄，一般用于陌生人之间，如双方一时难以找到话题，就会说类似“今天天气真好”“东北天气很冷吧”等话，进而打破尴尬的场面。

（3）触景生情型寒暄，即针对具体的交谈场景临时产生的问候语。这种寒暄随口而来，自然得体。对方刚做完什么事、正在做什么事、将做什么事等，都可以作为寒暄的话题。例如，早晨在家门口或路上说“早上好，上班吗”，在食堂里问“吃过了吗”，等等。

（4）攀认型寒暄，即抓住双方的共同点，并以此为契机进行问候，以达到接近对方的目的。例如，“大家都是昆明人。我在昆明读了四年书，可以说昆明是我的第二故乡，这样我也算是昆明人了。”

（5）敬慕型寒暄，即对初次见面者尊重、仰慕、热情有礼的表现，如“久仰大名”“早就听说过您”等。

（6）关照型寒暄，即关注对方的各种需求，不露痕迹地关照对方，既可以是衣食住行等方面，也可以是心理感受方面，如“听说你生病了，近来如何？”

2. 寒暄的基本要求

寒暄应根据环境、条件、对象及双方见面时的感受进行选择和调整，没有固定的模式，只要让人感到自然、亲切，没有陌生感即可。

（1）态度真诚。寒暄要妥帖、自然、真诚，建立认同感，从而有效缩短彼此之间的心理距离。

（2）因人而异。在人际交往中，由于男女有别、长幼有序、彼此熟悉的程度不同，寒暄的口吻、用语、话题也应不同。例如，上级和下级、长辈和晚辈之间交往，如果上级、长辈为主人，寒暄最好能使对方感到平易近人；如果下级、晚辈为主人，寒暄最好能使对方感到被尊敬和仰慕。

（3）注重场合。在不同的场合，交谈者应使用不同的寒暄语。例如，拜访他人时要表现出谦和，不妨说一句“打扰您了”；接待来访时应表现出热情，可以说一句“欢迎”。

口才互动吧

（1）校园内，师生相向而行。学生低着头，与老师擦肩而过时匆匆说了一声：“老师好！”老师当时刚好看到那名学生后面不远处走过他正要找的同事，担心那位同事走远，眼睛看着同事边回答了一声“好”，边叫“张老师！”

（2）一天中午，某广播电视台的播音员小王路过一个路口，一位老太太走过来对她说："小王，你好！"小王连忙礼貌地回答："您好！""我是你的听众。"老太太笑着说，"我喜欢你的语言风格，清清楚楚，干干净净。""谢谢！"小王感动地看着老人。

上面两个寒暄案例中，哪个是恰当的，哪个是不恰当的，为什么？

二、赞美和批评

人需要真诚的赞美，也需要善意的批评。赞美是鼓励，批评是督促；赞美如阳光，批评似玉露。它们是两种形式上对立、目的上统一的语言沟通技能。

（一）赞美

赞美是指发自内心地对美好事物表示肯定的一种表达。赞美会给人带来满意和愉快的情绪体验，给人以鼓励和信心。在交谈过程中，恰如其分的赞美有利于建立良好的人际关系。因此，每个人都应该努力去挖掘他人的闪光点，学会赏识、赞美他人。

话有引力

赞美是一种有效且不可思议的力量。

——玛丽·凯

口才互动吧

你有过被他人赞美或者赞美他人的经历吗？令你印象最深刻的是哪次？当时心情如何？对你后来的生活产生了怎样的影响？

1．赞美的原则

（1）真诚原则。发自内心、热情洋溢的赞美才能引起对方的好感，被对方所接受，否则便是恭维。要使赞美真诚，赞美者不仅要具有善于发现对方优点的能力，还要打心底认同对方的优点，不能是因嫉妒而带着讽刺的赞美。

某公司员工生病住院，领导前去看望说："你一生病我工作起来手忙脚乱的，越发体现了你的重要性哟。你要赶快把病养好，否则我这个头儿可不好当呀。"这样的赞美发自内心，不会让人有虚假和牵强的感觉，也使对方感受到了真诚的关怀。

（2）具体原则。空泛、含混的赞美没有明确的证据支持，会让人觉得不可接受，并怀疑赞美者的动机和意图。相反，具体而明确的赞美，会让对方觉得赞美者很真诚，是在发自内心地赞美他。

这次项目你出的策划方案很精彩，你是怎么想到这个创意点的？太厉害了！

（3）适度原则。只有恰如其分的赞美才是真正的赞美，过度的赞美只会使对方感到不舒服、不自在，甚至产生适得其反的结果。

小王一次偶遇同事小李和他的夫人，见其夫人保养得当，十分显年轻，就运用“逢人减岁”的方法赞美说：“李夫人好年轻啊，若是不知情的人还以为你们是父女关系……”话未说完，小李脸色一变，转身离去。小王之所以好心办坏事，就是由于赞美不当，过于夸张，让小李觉得自己很老。

口才互动吧

元旦联欢会上，小雅唱了一首《春暖花开》，唱得虽然很投入，但明显跑了调。同学们都鼓掌表示鼓励，下面是两位同学对小雅的赞美。

小华对小雅说：“小雅，你唱得太棒了，你真是个音乐奇才呀！”

小梅对小雅说：“小雅，你唱得认真又投入，你是好样的！”

你更欣赏哪种赞美？为什么？如果你也在现场，你会对小雅说什么？

2. 赞美的方法

（1）直白赞美法，就是毫不含糊地直接表达自己对他人的赞美之情。例如，“我很佩服您的为人，光明磊落，真诚坦率。”“真是隔行如隔山啊，从您身上我确实学到了很多东西。”“你今天的方案写得很具体，操作性强。”“你处理顾客投诉的态度非常得当。”诸如此类的直白赞美，会让人精神愉悦、信心倍增。

口才加油站

卓越艺术家的诞生

勃拉姆斯未出名前，对自己未来的音乐事业非常不自信。一次偶然机会，他前去拜访了著名的钢琴家舒曼，并当场演奏了自己创作的一首C大调钢琴曲。弹完一曲时，舒曼热情地张开双臂抱住了他，兴奋地喊道：“天才啊！年轻人！天才！”正是这发自内心的、由衷的直言赞美，让勃拉姆斯的自卑消失得无影无踪。之后，他不断将心底的才智和激情流泻到五线谱上，最终成为音乐史上一位卓越的艺术家。

资料来源：百度文库，有改动

（2）对比赞美法，是将被赞美对象与他人做比较以突出其优势的赞美方法。一般来说，赞美者通常将被赞美对象与自己比较。例如，汉高祖刘邦对大臣们的赞美：“要说运筹帷幄之中，决胜千里之外，我不如张良；要说治理国家，抚慰百姓，供应给养，保证粮道畅通，我不如萧何；至于统一指挥百万大军，攻无不克，战无不胜，我不如韩信。”

小贴士

在适当的场合，赞美者也可以通过适度压低自己、抬高对方来达到赞美的目的。例如，“我在这方面和你差得远……”“我怎么就不能……”“你做的菜真好吃，这道菜我在家里怎么也做不好，你给我讲讲详细步骤……”

（3）反语赞美法，是用反语来赞美某人或某事的形式，似贬实褒。这种方法在特定的环境和背景下使用，别致风趣，比一般的赞美有更好的表达效果。例如，某领导赞美下属：“你呀，什么都好，就是工作太拼了，真是拿你没办法！”

（4）背后赞美法，是在第三者面前赞美别人。背后赞美能让被赞美者更加感受到这种赞美的真实和诚意，增强对赞美者的好感。

（5）借用赞美法，是借用第三者之口来赞美对方。在一般人的观念中，第三者所说的话大多比较公正、实在。因此，这种赞美方法更能赢得被赞美者的好感和信任。例如，“张经理，我听恒达公司的李总说，跟您做生意最痛快不过了。”“恭喜您啊，张老师，祝贺您当选为‘最喜爱的老师’，我们班的同学都说很喜欢您。”

3. 赞美的注意事项

（1）找准赞美点。赞美只有因人而异，找准赞美点才能赞到他人的心坎上。赞美之前，赞美者先要了解对方，这样才能对准对方的兴奋点，根据对方的文化修养、脾气秉性、心理特性、所处背景、角色关系、语言习惯，乃至职业特点、性别年龄、个人经历等不同来赞美。

拿破仑对于奉承一向很反感，这一点他的士兵都知道。然而有一个聪明的士兵却对拿破仑说：“将军，您是最不喜欢奉承话的，您真是位英明的人物！”拿破仑听后不仅没有斥责他，反而还十分自豪。这位士兵之所以赞美成功，就是因为他了解拿破仑的脾气秉性，深知他讨厌奉承的话；但他又很聪明，准确地赞美了拿破仑的这一“闪光点”。

（2）注意场合。虽然人人爱听赞美，但并非任何时机、场合都可随意赞美。如果多人在场，赞美者只赞美了其中一个人，就有可能引起不同的心理反应。

（3）注意表达。赞美时，赞美者的措辞要得当，切忌使用模棱两可的表述，并配合亲切的眼神和身体动作，以凸显真诚。同时，赞美者在赞美时切忌带出不良的暗示。例如，一位男士赞美自己的舞伴：“你的舞跳得真好！”正当对方美滋滋时，他又加上一句：“在矮个子的女士里应该是跳得最好的。”这使得对方的心立马又凉了下来。

口才训练营

一、训练目标

通过赞美轰炸演练，让学生进一步掌握赞美的相关技巧。

二、训练内容

将学生分为若干组，每组 7～10 人，小组成员站成一个圈，每名学生依次对自己右手边的同学进行一番赞美。每组轮流上台展示。

三、训练评价

（1）方法恰当，语言得当。

（2）态度真诚，内容适度。

（二）批评

批评是指出他人的缺点和错误，并提出相应的意见。在日常生活中，每个人都会批评他人和被他人批评，正确看待批评，做到“闻过则喜”，才能不断实现个人成长。

1. 批评的原则

（1）善意原则。批评他人应遵循善意原则，要有关心爱护、帮助他人，使人进步的诚意，不能为批评而批评，甚至是恶意地攻击。善意的批评是一种帮助性质的批评，能让对方真切地感受到自己的善意。

（2）平等原则。批评他人应遵循平等原则，对事不对人。以一种居高临下的姿态批评他人是收不到任何效果的。

（3）公正客观原则。批评他人应遵循公正客观原则，即具体指出对方存在的问题、原因，怎么去解决，使受批评者心服口服。批评时，批评者应就事论事，如果没有把事实搞清楚，就指名道姓批评他人，这样会适得其反，甚至激化矛盾。

口才知识窗

批评十二戒

一戒无凭无据、捕风捉影；二戒大发雷霆、恶语伤人；
三戒吹毛求疵、过于挑剔；四戒不分场合、随处发威；
五戒趁人不备、突然袭击；六戒清算总账、揭人老底；
七戒威胁逼迫、以势压人；八戒当面不说、背后乱说；
九戒以事论人、全盘否定；十戒嘴上不言、随处传扬；
十一戒反复批评、无休无止；十二戒一批了之、弃之不管。

2. 批评的方法

“好话一句严冬暖，恶言半声三春寒”。要想使批评收到良好的效果，使受批评者真正意识到批评得“好”，批评者一定要把握好批评的方法。

（1）先赞扬后批评。戴尔·卡耐基指出：“矫正对方错误的第一方法——批评前先赞美对方。”在批评、纠正别人之前，批评者应先提到别人的优点，在肯定和尊重对方人格、赞扬他人优点的基础上，再提出自己的批评意见，更容易使对方接受。例如，“小王，你各方面表现一直都挺不错，大家都觉得你很认真负责，但是今天这件事你看这么办是不是更好？”

（2）启发式批评，即用一个形象的比喻或一个寓意深刻的故事等，来启发对方领悟错误，进而改正错误。这种批评方法晓之以理，动之以情，循循善诱，能收到较好的效果。

（3）幽默式批评，轻松诙谐，既能表达批评的含义，又可以缓解批评时的紧张氛围，往往胜过其他语言。

一天早晨，乔治·华盛顿的秘书上班迟到了，发现乔治·华盛顿正在等他，感到很心虚，便随口说他的表出了毛病。而乔治·华盛顿幽默地回答：“恐怕你得换一只表了，否则我就要换一位秘书了。”

口才互动吧

课堂上很乱，有的学生在说笑，有的学生在睡觉，有的学生在低头玩手机。上课的老师突然停止讲课，语重心长地对大家说：“如果坐在中间说笑的那几位同学能像后面那两位低头玩手机的同学一样安静的话，那也就会让这边两位睡觉的同学睡得更香了。”此言一出，全班哄堂大笑，而那几位被点到的同学露出了羞愧的表情。

上述例子中，老师采用了什么样的批评方法？如果课堂上你很想听课，可你身旁的两位同学老是在讲话，你会如何用语言表达出让他们安静的愿望。

（4）委婉式批评，既能保护被批评者的自尊心不被伤害，还能让被批评者有一个思考的余地。例如，在一家生鲜超市，一位营业员发现有位顾客买青菜时，把菜叶剥掉许多，于是，她走上前去，小声地说：“你好，请小心点儿，别把菜叶碰掉了。”顾客听到这话一般会反省自己的行为是否得当。如果营业员很直白地说：“你怎么搞的，不能再剥了”势必会制造尴尬的气氛，甚或导致矛盾产生，引发口角。

（5）先谈自己的错误后批评，即责人之前先责己。这种批评方法可以保护被批评者的自尊心，缩短彼此的心理距离，能使被批评者体会到批评者的善意、开阔的心胸，进而使被批评者更易接受批评。

（6）以鼓励取代批评。对于那些自信心不足的人，批评者不妨用鼓励来取代批评，令其勇敢地面对错误或不足，进而改正错误。例如，“你现在不是比以前做得好多了吗？”“相信你，只要你再多花点心思，会比以前做得更好！”

3．批评的注意事项

（1）因人而异。常言道：“凡事有法而无定法”，批评他人也是同理。成功的批评案例、方法固然可以借鉴，但是不变之法是不存在的。每个人理解、接受问题的方式都不一样，现实生活中如何运用批评，一定要因人而异，注意灵活性。例如，对于自卑的人来说，犯错后他本身就会自责，批评者批评时应给予充分的理解和宽容。

（2）注意时机。批评他人要在对方对所犯错误记忆犹新，而又能心平气和地客观交流时进行，这是批评的最佳时机。如果错过了这个时机，再旧事重提，这种秋后算账式的批评效果往往欠佳。及时的批评，能更好地就事论事，指出不足，提出建议，这样才有助于他人尽快改进和提高。

（3）注意场合。受批评并不是什么光彩的事，没有人希望自己在大庭广众之下被批评。当众批评他人，既容易伤害对方的自尊心，又容易使对方对批评者产生排斥心理，进而严重影响以后的沟通交往。因此，批评他人要选择好场合，以保全他人的面子。

（4）注意方式。许多善意但措辞不当的批评往往会出现“好心不得好报”的后果，不仅达不到改变人的目的，还会让对方怨恨自己，甚至使两人的关系破裂。因此，在批评、纠正别人时，批评者要三思而后行，选用更客观、更准确、更婉转的批评方式达到自己的目的。

口才加油站

陶行知的“四颗糖”批评艺术

教育家陶行知先生曾在某小学当校长。有一天，他看到一个男生向另一个男生扔砖头，立刻制止了他，并叫他下午三点到校长办公室。还没到下午三点，男生就已经在校长办公室门口等候了。陶校长远远看到了男生，转头去小卖铺买了一包糖果。随后，一堂动人的教育课便拉开了序幕。

陶校长在下午三点准时回到办公室，只见他笑着掏出一颗糖递给男生，说：“这颗糖是给你的，因为你很守信，没有迟到，还提前到达了。”男生惊奇地接过糖。

随后，陶校长又掏出一颗糖递给他，说：“这也是给你的，我让你住手，你就立即住手了，说明你很尊重我。尊重别人是很重要的品质啊。”男生更疑惑了，眼睛睁得大大的。

接着，陶校长又说道：“据我了解，你拿砖头扔同学是因为他欺负女生，这说明你很有正义感，我再奖励你一颗糖。”这时，男生后悔地说：“校长，我错了，同学再不对，我也不能拿砖头扔他。”

最后，陶校长心花怒放地又掏出一颗糖，说：“你知错认错，实在难得，我不得不再奖励你一颗。我的糖发完了，我们的谈话也该结束了，回去吧！”

男生手握四颗糖，眼神里充满着一种前所未有的光。陶校长善于发现学生身上的闪光点并加以巧妙利用，用四颗糖化解了学生心中的愤怒、自责、恐惧和羞愧，如同一道光照亮了学生。

资料来源：百度文库，有改动

三、说服和拒绝

（一）说服

说服是在一定的情境中，个人或群体运用一定的战略战术，通过信息符号的传递，以非暴力手段去影响他人的观念、态度、行动等，从而达到预期目的的一种表达方式。

在人际交往中，说服无处不在。而在如今个性化、多元化的时代，人们有了更多思考和选择的余地，要说服他人，并非易事，这就需要掌握一定的说服技巧。

1．调节气氛，以退为进

在说服时，说服者想方设法调节谈话气氛，用和颜悦色的提问方式代替命令的口吻，让别人有维护自尊的机会，再去说服则比较容易。相反，说服者如果不尊重别人，总是拿出一副盛气凌人的架势，那么，说服多半是要失败的。

一次，学校安排各班级学生打扫操场。李老师班上的学生都躲在阴凉处不肯干活，任凭老师怎么说都不动身。

后来，李老师想到一个以退为进的办法，他问学生们："我知道你们并不是怕干活，而是都很怕热，对吧？"学生们谁也不愿说自己懒惰，便七嘴八舌说，确实是因为天气太热了。老师说："既然是这样，我们就等太阳下山再干活，现在我们可以痛痛快快地玩一玩。"学生一听就高兴了。老师为了使气氛更热烈一些，还买了一堆雪糕为大家解暑。在说说笑笑的玩乐中，学生接受了老师的说服，没等太阳落山就开始愉快地劳动了。

2．争取同情，以弱克强

当说服对象比较强大时，说服者不妨采用争取同情的方式，以弱克强，达到目的。

18 岁的山区姑娘小花，由于家境困难，准备放弃学业到上海打工。在老乡的介绍下，她到一家公司应聘，但人事经理看她像个十五六岁的孩子，就打算让她先回去。然而，她机智地说："经理，您看我的身份证，我已经年满 18 岁了。我家在山区，母亲常年疾病缠身，还有一个小弟弟在上中学，我只是想尽我所能，边学习边挣点钱贴补家用。您看我上学期间的成绩很优秀……"最终人事经理破格录用了看似"年幼"的小花。面对人事经理的拒绝，聪明的小花正是利用自己不幸的遭遇，取得了对方的同情。

3．合理威胁，以刚制刚

在日常生活中，人们常会用合理的威胁使对方产生恐惧感，从而达到说服的目的。但是，在具体运用以刚制刚时，说服者的态度要友善，要说明道理，讲清后果，且注意威胁程度，避免弄巧成拙。

4．消除防范，真情感化

通常情况下，和说服对象较量时，彼此双方都会产生一种防范心理。这时，要想成功说服别人，说服者必须消除对方的防范心理。消除防范心理最有效的方法就是反复给予暗示，让对方把自己当成友好的一方，如嘘寒问暖、给予关心、表示愿意给予帮助等。

口才加油站

一句话改变一生

一天晚上，一位司机把一个青年送到指定地点时，对方突然掏出尖刀逼司机把钱都交出来。司机装作害怕的样子交给歹徒300元钱说：“今天就挣这么点儿，要嫌少就把零钱也给你吧。”说完又拿出20元钱。见司机如此爽快，歹徒有些发愣。司机趁机说：“你家在哪儿？我送你回家吧。这么晚了，家人该等急了。”

见司机不反抗，歹徒便收起了刀，并让司机把自己送到火车站。气氛缓和后，司机又不失时机地劝说歹徒：“我家原来也非常困难，自己又没啥技术，后来就跟人家学开车，干起这一行来。虽然挣钱不算多，可日子过得也不错。何况自食其力，穷点儿谁还能笑话我呢？”见歹徒沉默不语，司机继续说：“唉，男子汉四肢健全，干点儿什么都差不了，走上这条路一辈子就毁了。”

火车站到了，见歹徒要下车，司机又说：“我的钱就算帮助你的，用它干点正事，以后别再干这种见不得人的事了。”一直不说话的歹徒听罢突然哭了，把300多元钱往司机手里一塞说：“我以后就算饿死也不干这事了。”说完，低着头走了。

资料来源：百度文库，有改动

5．知己知彼，将心比心

“知己知彼，百战不殆。”唯先知彼，而后方能从对方的立场上考虑问题。站在他人的立场上分析问题，能给对方一种为其着想的感觉，从而更好地说服对方。同时，在说服中，说服者通过假设出某种情况、场景，让对方体验别人的心理，可以启发对方提高认识，进而对其言行做出调整。

口才互动吧

想象自己遇到下列情景时，会如何处理。

（1）当你与某人讲理时，他恼羞成怒，向你举起拳头威胁。你怎么说服他放下拳头？

（2）几个朋友在你家里聚会喝酒。夜深了，邻居都要休息，你怎么劝说这些正在兴头上的朋友散席回家呢？

（3）一些孩子在禁火区玩火，你怎么劝说他们停止呢？

（4）班级组织演讲比赛，某位同学由于缺乏经验而怯场，任别人怎么劝说也敢不上台。若你是班主任，此时该如何说服他上台？

（二）拒绝

拒绝，又称“回绝”或“推辞”，是对他人向自己提出的希望、要求的一种否定。学会拒绝是人际交往中一项十分重要的技能。但拒绝是一道难题，拒绝不当，不仅容易对别人造成伤害，还会让对方对自己产生怨恨，进而使自己陷入被动尴尬的境地。因此，掌握一定的拒绝方法，既能达到拒绝的目的，又能维持和被拒绝者之间的和谐关系。

1. 直接拒绝

扫一扫

拒绝小技巧

直接拒绝，就是把拒绝的意思当场讲明。模棱两可的话往往会引起误会，影响沟通。因此，拒绝者应率直表明拒绝之意，但拒绝时要注意语气温和、态度诚恳。通常情况下，拒绝者直接拒绝别人时，需要把拒绝原因讲清楚。例如，“真是太遗憾了，周五我全天外出……”“我会尽力协助您，可是最近工作繁忙，我勉强应承的话，品质方面会打折扣，我也会过意不去……”当然，对于那些无理的、过分的要求，拒绝者应予以严词拒绝。

2. 委婉拒绝

委婉拒绝，就是用曲折的语言来表达拒绝的意思。当不方便直接拒绝时，拒绝者就可使用委婉的拒绝方法。

（1）迂回诱导，即通过迂回战术诱导他人，使其领会暗示的婉拒含义或知难而退，从而避免尴尬。例如，某海军军官的好友向他问及有关军事机密的事，该海军军官不好正面拒绝，就问：“你能保守秘密吗？”好友回答：“能。”海军军官笑着说：“我也能。”对方一听便心领神会，于是不再问了。

（2）有意延时，即通过拖延时间来拒绝他人，以避免现场回绝时的尴尬。例如，“我先想想办法，看能不能办成，尽快给你答复”等。

（3）假设后果，即按他人提出的要求或条件，假设可能产生的后果，让其知难而退。例如，“这事由我出面的话，恐怕张女士会误会”等。

（4）自嘲婉拒，即在自己身上找一个相关的缺陷或借口，向对方暗示自己不适合答应其请求。例如，“我还没有拿到驾驶证。如果我现在开车送你回去，就属于无证驾驶了”。

（5）先发制人，即在预料到对方会提出自己难以接受的要求时，先表明自己的态度，让对方无法开口，自动放弃要求或劝说。

《三国演义》中，曹操的谋士蒋干和周瑜同窗读过书，便向曹操毛遂自荐，到东吴去劝降周瑜，并夸下海口：“丞相放心，干到江东，必要成功。”没有想到的是，周瑜一见到蒋干，就点明他的来意，逼得蒋干只得急忙否认。

席间，周瑜说：“蒋干和我是同窗契友，虽从江北到此，却不是曹操的说客，诸位不要心疑。”并解下佩剑交给一员大将，命他掌剑监酒，说：“今日宴饮，但叙朋友交情；如有提起曹操与东吴军旅之事者，即斩之！”周瑜采用先发制人的方法拒绝，使蒋干开不了口，根本不敢提“降”字。

（6）幽默婉拒，即不失幽默地拒绝他人，委婉动听地把拒绝的意思表达清楚。

启功先生是我国著名的书画家，向他求学、求教的人很多，以致他住的小巷终日脚步声和敲门声不断，惹得先生自嘲曰：“我真成了动物园里供人参观的大熊猫了！”有一次，先生患了重感冒起不了床，又怕有人敲门，就在一张白纸上写了四句话：“熊猫病了，谢绝参观；如敲门窗，罚款一元。”启功先生深谙拒绝之道，在让别人接受拒绝的同时，还能让人体会自己确有不便之处。

口才互动吧

在日常生活中，你是否有拒绝别人或被人拒绝的经历？拒绝别人时你会用哪种方法？被别人拒绝时，对方使用的是哪种方法？你认为得哪种拒绝方法比较好？

口才训练营

一、训练目标

通过情景模拟，使学生进一步掌握常见的沟通表达技巧。

二、训练内容

（1）以小组为单位，每组 4～6 人。

（2）各小组拟定公司的人物角色，如经理、秘书、主管、会计、司机、职员等（人物角色数与小组成员数相同）。

（3）小组成员确定会议主题，如最近业务多、人员少；一次业务的失误，遭到客户投诉；员工迟到现象严重等。

（4）小组成员抽签决定角色，准备 10 分钟，开始模拟公司会议。

（5）每位成员根据自己的角色，提出一些想法和建议，注意用语、口气、体态等。例如，自己发言时先简单“寒暄”，别人发言要“倾听”；下属对上级要谦恭、适时“赞美”，上级对下属要适度“批评”；对不同意见要诚恳“说服”，不合理意见要“拒绝”等。

三、训练评价

（1）内容贴切，涵盖沟通表达的基本技巧。

（2）表演生动形象，感情充沛，语言清晰流畅，姿态自然大方。

视野纵横

古代人名的称呼方式

一、地名指称

地名指称包括“郡望”、籍贯或出生地、任职地等。

（1）以“郡望”称人。“郡望”表示某一地域范围内的名门大族。例如，唐代文学家韩愈，为河南河阳（今河南孟州）人，常以“昌黎”自称，世人遂称其为“韩昌黎”。

（2）以籍贯或出生地称人。例如，唐代诗人孟浩然是襄阳（今湖北襄阳）人，人称“孟襄阳”；唐代张九龄是曲江（今广东韶关）人，人称“张曲江”。

（3）以任职地称人。例如，晋代陶渊明曾任彭泽县令，世称“陶彭泽”；唐代骆宾王曾任临海县丞，世称“骆临海”；唐代岑参曾任嘉州刺史，世称“岑嘉州”。

二、官爵指称

官爵指称包括官名、封号等，属于尊称。他人或后人使用这类称呼，是为了表示尊崇和敬仰，被称呼者本人不可使用。

（1）用官名相称。例如，东汉马援曾任伏波将军，世称“马伏波”；东汉班固曾任兰台史令，因称“班兰台”；东汉蔡邕曾任左中郎将，因称“蔡中郎”。

（2）用封号相称。例如，汉代投笔从戎的班超曾被封为定远侯，世称“班定远”；南朝宋诗人谢灵运曾在晋代袭封康乐公，故称“谢康乐”；宋代王安石曾封荆国公，故称“王荆公”。

三、行第指称

所谓行第，就是某人在家族中排行的次序。但是，唐人行第不是按一父所生兄弟长幼排序的，而是按同一曾祖父的堂兄弟（或堂姐妹）出生先后而定的。唐人诗文集常有以行第相互称呼的例子，如《别董大》《送元二使西安》《与元九书》《同李十一醉忆元九》《答王十二寒夜独酌有怀》《问刘十九》等。

资料来源：新浪网，有改动

探索提高

一、填空题

1．在社交活动中，常用的介绍方式有自我介绍和________两种。

2．________自我介绍，主要适用于讲座、报告、演出、庆典、仪式等一些正式而隆重的社交场合。

3．就日常拜访而言，拜访语包括进门语、________、会谈语和________四种。

4．不管对方的地位如何，双方的关系如何，在称呼上都要________，这是一条基本的原则。

5．________是在一定的情境中，个人或群体运用一定的战略战术，通过信息符号的传递，以非暴力手段去影响他人的观念、态度、行动等，从而达到预期目的的一种表达方式。

二、不定项选择题

1．介绍他人时，应遵循一定的顺序。下列各项中，说法错误的是（　　）。

A．介绍上级与下级认识时，应先介绍下级，后介绍上级

B．介绍客人与主人认识时，应先介绍客人，后介绍主人

C．介绍长辈与晚辈认识时，应先介绍晚辈，后介绍长辈

D．介绍先到者与后来者认识时，应先介绍后来者，后介绍先到者

2．“警官”“医生”“护士”属于（　　）。

A．职务性称呼　　B．职业性称呼

C．职称性称呼　　D．性别性称呼

3．在应聘时，适合使用（　　）自我介绍。

A．应酬式　　B．公务式　　C．礼仪式　　D．问答式

4．下列各项中，不符合日常拜访的是（　　）。

A．被拜访者的门开着时，拜访者不用敲门可直接进入

B．进门问候过被拜访者后，拜访者便可自己找座位坐下

C．拜访者可以随便翻看被拜访者的书籍、报刊或信件

D．通常，在被拜访者有其他客人来访时，拜访者应主动提出告辞

5．交往对象（　　）时是自我介绍的好时机。

A．休息　　B．手头工作不忙

C．用餐　　D．心情不好

6. 赞美的原则包括（　　）。

A. 夸张原则　　B. 具体原则　　C. 真诚原则　　D. 适度原则

7. 下列各项中，说法正确的是（　　）。

A. 在不同的场合，交谈者应使用不同的寒暄语

B. 触景生情型寒暄是日常生活中最常见的寒暄类型

C. 巧妙的寒暄能在交谈者之间搭起一座友谊的桥梁

D. 寒暄要妥帖、自然、真诚，建立认同感

8. 在批评他人时，批评者要（　　）。

A. 因人而异　　B. 注意时机　　C. 注意场合　　D. 注意方式

三、简答题

1. 简述介绍他人的方式和注意事项。
2. 在人际交往中，交谈者宜选择的话题有哪些？
3. 赞美的方法有哪些？
4. 简述接待的注意事项。

四、案例分析题

在一次社交聚会上，孙先生穿着一身名牌，信心百倍地走进会场。他一眼看到自己很想结交的社会名流陆老，于是直接走上前去，伸出手，自我介绍道："陆老，您好！我是大发公司的经理孙××。"陆老伸出手，与他轻轻握了握，就去与其他人寒暄了，没有给孙先生留下搭讪的机会。

孙先生有些无趣，只好转向寻找其他的自己觉得有必要交往的人。这时，一位先生与孙先生擦肩而过，并礼貌性地朝他点头致意，而孙先生满脑子想的是这个人我认识吗？他是谁？所以有些木然地过去了。聚会结束后，孙先生才得知，与自己擦肩而过的是一位很成功的人士，而且正是自己想结交的能够在生意场上给自己很大帮助的人。

问题：请结合所学知识分析孙先生在社交聚会上的表现。

实战演练——人物访谈活动

文明沟通伴我行，人际交往零距离

【任务背景】

交往是人类活动的常态现象，与人的本能天性、个体发展和社会进步息息相关。在科技进步、信息发达的当今社会，越来越多的"90 后""00 后"认为自己"社恐"，他们享

受独居独处，依靠手机建构和维护自己的社交网络，在虚拟世界里越陷越深。而唯有直面现实和积极参与，才能在实践中学会社交，进而在人际交往中扬长避短，高效交流。

【任务目标】

通过人物访谈活动，学生不仅要掌握待人接物和沟通表达的基础知识，熟练运用介绍、交谈、拜访等礼仪与沟通技巧；还应正确认识自我，养成积极参与各类社交活动的好习惯，进而在生活中实现沟通零距离。

【任务实施】

组织形式	小组任务
任务分组	根据班级人数，将学生分为若干个小组，每组3～5人
任务准备	（1）推选小组组长。各组成员推选1名组织能力强的学生作为组长。 （2）推荐或提供受访人物名单。教师可准备在当地为社会和他人做出过贡献的人物名单，供学生选择。 （3）制订访谈计划。学生根据受访人物名单，逐一了解受访人物的基本情况（如性别、学历、所学专业、现任职务、典型事迹等），并制订访谈计划（如访谈路线、时间、地点，访谈提纲等）。访谈提纲中应针对受访人物确定相应的访谈内容，访谈内容可以围绕以下问题： ➢ 您的人生目标是什么？为什么？ ➢ 您在工作中通常做些什么？哪些工作内容最有价值？ ➢ 您曾经做过的贡献中，哪一件最有价值？ ➢ 您在追求奉献的过程中，遇到过哪些困难？又是怎样克服这些困难的？ ➢ 您认为怎样的人生才有价值？怎样实现有价值的人生？ （4）确定人员分工。学生根据访谈提纲确定访谈人、记录人、访谈报告人等人员的具体任务
实施流程	（1）学生进行访谈，做好访谈记录（如笔录、录音、录像等）。 ➢ 登门拜访时，使用恰当的拜访语、寒暄语及称呼，并进行合适的自我介绍。 ➢ 访谈过程中，围绕访谈内容进行访谈，注意交谈礼仪与交谈技巧，并适时进行赞美。 ➢ 访谈结束后，能及时告辞，并表达谢意。 （2）整理访谈资料，编写访谈报告。 （3）教师点评学生的访谈报告并进行评分

探索学习评价

指导教师根据学生的探索学习情况对其进行评价，学生配合指导老师共同完成如表 4-1 所示的探索学习评价表。

表 4-1　探索学习评价表

班级		组号		日期	
姓名		学号		指导教师	
项目名称	摆脱词不达意，掌控高效交流——社交口才应用				

评价维度	一级指标	二级指标	评价标准	分值	评分	
					自评	师评
知识 20%	重难点知识		对待人接物、沟通表达有较为深入的了解	8		
			掌握生活中常用的待人接物和沟通表达技巧	12		
能力 30%	自主学习能力	梳理能力	梳理生活中常用的待人接物和沟通表达技巧	6		
		领悟能力	感受待人接物和沟通表达对人际交往的意义	6		
	信息检索能力		能够灵活利用各种渠道搜集相关资料	6		
	实践创新能力		能够独立分析问题并提出解决问题的新方法	6		
			能够找到创新的思路和方向，确保创新活动沿着正确的方向前进	6		
素质 20%	课堂表现	纪律意识	遵守课堂纪律，认真完成课堂与课后作业	4		
		互动意识	积极发言，完成课堂互动	4		
		改进意识	勤于思考，善于总结	4		
	实践活动	仪容仪表	大方得体，把握分寸	4		
		团队精神	尊师爱友，积极合作，团结奋进	4		

（续表）

评价维度	一级指标	二级指标	评价标准	分值	评分	
					自评	师评
活动30%	访谈计划		访谈目的明确，内容充实、严谨、丰富、有价值，切实可行	5		
	访谈报告	形式与内容	结构完整，层次清晰，主题突出，材料丰富	5		
		写作与表达	条理清晰，语言流畅，表述正确，用词贴切，排版美观	5		
		分析与思考	访谈准备充分，逻辑性强，能深度挖掘有效信息，思考和提问有深度	5		
		总结与归纳	针对获取的信息，总结、归纳得完整、准确	5		
		特色与创新	访谈角度独到，具有独特的见解，思路富有创造性	5		
合计				100		
总评	互评（30%）+师评（70%）=					
教师评语				教师（签名）：		

探索学习笔记

探索学习要点与难点

已解决的问题及解决方法

待（未）解决的问题

探索学习体会与收获

项目五

精通说话之道，成就精彩人生——职场口才发挥

项目导读

在职场中，无论是求职交谈，还是推销、谈判，一个人的口才都发挥着至关重要的作用。口才不仅是衡量一个人学识的重要尺度，更是衡量一个人实际能力的重要标准。本项目从求职交谈、推销、谈判三个方面进行阐述，详细介绍了在职场中如何恰当沟通，顺利开展各项工作。

学习目标

素质目标
SUZHI MUBIAO

（1）培养良好的求职心态，树立正确的择业观和就业观。

（2）在生活中自觉遵守公共生活中的道德规范，提高自身的职业道德素质。

（3）培养对特定产品或服务进行推销语言组织和表达的能力，并在推销中始终如一的保持诚信、真挚和友善。

知识目标
ZHISHI MUBIAO

（1）理解求职交谈的基础知识。

（2）掌握求职交谈的语言要求和相关技巧。

（3）理解推销及谈判语言的特点。

（4）掌握推销及谈判的基本技巧和语言技巧。

能力目标
NENGLI MUBIAO

（1）能运用求职交谈技巧参加模拟面试，提高面试应答同频度。

（2）能运用各种推销技巧，针对特定产品或服务进行推销。

（3）能使用恰当、高效的语言提高自己的谈判水平。

探索一 求职交谈

学习清单

每完成一项学习任务，就在对应的方框中打一个钩。

课前预习	□	预习课本知识，了解求职交谈的相关知识
	□	通过网络或其他途径观看《非你莫属》等招聘节目，分析求职者的语言表达技巧
课中学习	□	理解求职交谈的本质和准备工作
	□	正确认识求职交谈在现代社会生活中的重要性
	□	掌握求职交谈的语言要求及技巧
实践练习	□	通过模拟训练，能够针对不同的面试准备不同的求职表述
课后复习	□	锻炼自己的承压能力，敢于在招聘者面前表现自己
	□	分小组进行模拟面试，然后体会求职交谈的基本要求，并共同探讨如何提高求职交谈技巧

口才初探

两段不同的求职表述

求职者一：我叫××，1993年生，毕业于××学校的市场营销专业。在小学时，我放学后经常跟着妈妈和奶奶学习抽纱（一种刺绣技法），先是学勾花，再学刺绣、抽纱，之后每年寒暑假也都做抽纱，帮家人分担点工作。上大学后，系统的专业学习让我掌握了营销方面的知识，这是我将来搞好业务的资本。我比较善于交谈，曾参加过省级的英语口语大赛，并获得了二等奖（递上证书）。我本人的特点是头脑灵活，反应较快，为人热情、随和，做事认真，不怕辛苦。在校期间，我曾担任过学生会生活部部长。我平时爱看新闻，对国内外的经济发展动态很关注。所以，我觉得我能够胜任这个岗位，请给我一个机会。

求职者二：大家好，我叫××，毕业于××学校的汽车营销专业。可以说，该专业不管在我们学校还是在省里都属于重点专业，一直备受关注。这也促使我对于汽车营销的学习更博、更精。相对于其他学校的本专业学生来说，我相信我具有更大的优势。而我平时对汽车也比较感兴趣，经常看一些相关杂志和车展，所以对汽车的最新动态、型号之类的信息比较了解。当顾客上门时，我相信我能给他们做出相当详细的介绍，使他们产生较浓厚的兴趣并愿意购买。请给我一个机会，谢谢。

探索与思考

上述两段求职表述有何不同？你认为口才在求职交谈中重要吗？为什么？

探索点拨

第一个求职者介绍自己的情况时语言简练，中心突出，条理清晰，尤其在所求职位的素质和能力要求方面，针对性强，并有原始材料进行佐证，获得面试成功的可能性较大。而第二个求职者在表述上逻辑混乱，介绍自己的优点时不够突出，不能给人留下深刻印象，且言语中透露着自大和不谦虚，高估了自己的能力，获得面试成功的可能性较小。

在自主择业时代，求职越来越普遍，竞争也越来越激烈。求职者要找到一份令自己满意的工作，除了具备招聘岗位所要求的各项专业条件外，还要懂得一定的面试技巧，特别是求职交谈技巧。这将直接影响招聘者对求职者能力、性格等方面的判断，决定着求职的成败。

探索学习

一、求职交谈的本质

求职交谈是求职者在谋求职业时，通过言语表达使用人单位了解自己的资历和能力，并争取被录用的一种诉求行为。求职交谈不是简单的问答，而是求职者充分利用自己的说服技巧，在有限的时间内，用言语巧妙地展示自己的才华、品质和素养，让用人单位认可自己，并给予工作机会。

话有引力

推销自己是一种才华，一种艺术。有了这种才华，你就能安身立命，使自己处于不败之地。一旦学会了推销自己，你就可以推销任何值得拥有的东西。

——戴尔·卡耐基

可见，求职面试时，求职者如何有效地推销自己是很重要的。换句话说，既敢于说话，又善于说话，是求职成功的前提。

二、求职交谈的准备工作

求职前的充分准备直接影响求职者的现场发挥，俗话说的“不打无准备之仗”就是这个道理。充足的准备将有助于提升求职者面试时的信心和勇气。

（一）知己知彼，心中有数

求职前，求职者不仅要认识自我，正确地评价自己，摆正求职心态，还要弄清楚用人单位的用人需求、招聘职位信息及应聘资格等，以及了解用人单位的单位性质、发展规模、经营项目、产品信誉、工作条件及福利待遇等。

口才加油站

一个没有想到的问题

小李想竞聘某知名企业的市场部经理，他早早地就做好了充足的面试准备。无论是求职信、个人简历，还是自己的着装，他都请教过很多人，并做出精心的设计。而且，他事先也做了充分的心理调适，所以心态上也很放松。

面试的时候，小李发挥得非常出色，他从主考官的表情看出来，主考官对他很满意。40 分钟的面试就要接近尾声了，突然，主考官问小李：“我看您事先做了很充分的准备，说明您对我们公司和这份工作很重视。那您知道我们公司是哪一年成立的吗？”“哪一年成立的？”小李一下子蒙了。半晌，小李一脸尴尬地说：“对不起，这一点我没来得及关注……”主考官听了他的回答后，直接结束了面试。小李回去后，懊恼不已。

（二）心态放松，沉着自信

很多求职者在面试时会产生紧张的情绪，有紧张感是正常的，但过度紧张往往会导致自己说东忘西、词不达意，进而影响面试的结果。因此，在面试前，求职者首先要学会坦然接受自己的紧张，尽量放松心情、镇静下来，告诉自己能行，给自己信心；其次，不要把过多的注意力放到求职结果上，告诉自己这只是一次锻炼机会。

扫一扫

如何缓解面试时的紧张情绪

（三）资料完整，翔实得当

求职一般都是从准备求职材料开始的。其中，简历是重要的求职材料，也是求职的“敲门砖”，对于求职者的重要性不言而喻。简历的格式设计虽然各不相同，但其内容一般都包括求职者的基本情况、学历、工作经历、应聘的职位及所希望的待遇等。

对于用人单位来说，一个招聘职位可能会吸引上百人甚至上千人投递求职简历。若想让用人单位在众多简历中眷顾自己的简历，求职者在写简历时可以运用一些技巧。

（1）内容应简明扼要。用人单位在面对上千份的求职简历时，不可能对所有的简历都进行仔细阅读。对此，求职者应确保简历的内容简洁、明了，以便让用人单位快速浏览。

（2）突出个人经历。用人单位最关心的是求职者的经历，以便了解求职者的学历、工作经验、相关能力和发展潜力。因此，求职者在写简历时，应重点写自己的学习经历和工作经历。学习经历包括学校经历和培训经历，工作经历包括自己工作过的单位和所从事的主要工作。如果自己的经历比较丰富，求职者不用一一列出，只需要把近期或重要的经历写得详细些即可。

（3）突出与招聘要求有关的个人能力。用人单位关注的重点是求职者能否胜任所应聘职位的相关工作。因此，求职者应当围绕所应聘职位的招聘要求来展示自己的经历和个人能力。

除简历外，求职者在求职前还应准备好相关的证件及证明材料，主要包括身份证、在校期间的成绩单、职业资格证书、学历证书、各种荣誉证书等。

口才互动吧

某知名公司来校招聘大堂经理一名，要求热情大方、具有相关从业经验。结合招聘要求和个人经历，你会做何准备？

三、求职交谈的语言要求

良好的求职交谈语言不仅要求求职者不犯语法错误、表达流利、用词得当、言之有物，而且要求求职者注重说话方式，如口齿清晰、简洁明确、通俗朴实、坦率诚实、积极热情、谈吐得体等。

（一）口齿清晰

一般情况下，面试时间有限，求职者在回答问题时不能长篇大论。因此，求职者在面试时首先要做到的是口齿清晰，让招聘者能清楚听到自己说了什么。含混不清的口齿可能让招聘者失去耐心，甚至导致面试提前结束。

（二）简洁明确

在言语组织上，求职者的表达要尽量简洁，抓住问题要点即可，不用像写文章一样展开翔实的论证。这样既利于自己说话，又能给招聘者留下一个头脑清晰、思路明了的好印象。同时，求职者切忌絮絮叨叨，说话不着边际、繁复冗长，带有过多的口头禅、缀词等，如“就是这个”“嗯”“啊”。

（三）通俗朴实

要使求职交谈语言通俗朴实，求职者需要注意以下几点。

（1）言谈中不可过多使用专业术语。在面试时，求职者不分对象地频繁使用专业术语只会给人留下卖弄学问之感。

（2）不要在中文表述中夹杂外语词汇。在生活中，有些人喜欢在中文表达时夹杂一些外语词汇，觉得这是一种时髦的表现。但在面试时，除有特殊需要外，求职者千万不可有意使用这种“中外混合”的语言，避免有刻意卖弄之嫌。

（3）尽量朴实无华。鲁迅先生在《作文秘诀》中曾说：“有真意，去粉饰，少做作，勿卖弄。”这是表达的最高境界。如果片面追求语言的新奇华丽，过分雕琢，只会给人以做作、虚假的印象，让人心生反感。

（四）坦率诚实

诚实作为中华民族的传统美德，任何时候都不能丢掉。一些求职者为了获得心仪的工作，不惜隐瞒实际情况，杜撰一些工作经历、社会实践等，结果在面试时自己都搞不清这些“经验”，马脚一露，不战自败。

在面试时，如果被招聘者明显看出自己在某方面的不足，求职者不妨坦然承认，如“对不起，我有点太紧张了”“您说得对，这方面确实是我的弱项，这也正是我希望在以后工作中多多学习的地方”。如此一来，求职者会给人坦率、诚实的感觉，这也利于拉近自己与招聘者的心理距离，以便收到良好的效果。

口才互动吧

招聘者：据我了解，你似乎挺有赚钱的本事。对吗？

求职者：是的，我觉得自己颇有一些赚钱的招数。因为我读的是××名牌大学××专业，又曾在××企业的营销部门兼职。所以，对于赚钱，我还是很有把握的。

上述求职者的回答有何不妥？如果你是求职者，面对这样的问题会做何回答？

（五）积极热情

在面试时，求职者要始终保持积极热情的态度。任何用人单位招人都是为了给自己注入新鲜的血液，希望带来的是朝气和活力。老气横秋或消极萎靡的状态是不可能引起用人单位的兴趣的。要做到积极热情，求职者需要注意以下几点。

1. 精神饱满

首先，求职者在面试前要保证休息好，进而以充沛的精力去应对面试中的各种问题。其次，在面试时，无论回答得好与不好，求职者都不要垂头丧气，要始终保持一种积极乐观、豁达大度的心态。

2. 悉心聆听

凝神聆听是有礼貌、有修养的表现。若求职者随意打断招聘者的讲话或抢着发言，则可能给招聘者留下急躁、不够稳重的印象。在面试时，求职者一定要仔细聆听招聘者的讲话，并适时以“嗯”“对”“是的”“我想是的”“我非常同意您的观点”等话语予以回应。这样能给招聘者留下良好的印象。

口才加油站

你认真听了吗？

有一名大学毕业生到一家杂志社去求职，他一路过关斩将，终于到了最后的面试环节。面试快结束时，面试官面带微笑地表达了对这名大学生的欣赏之情。大学生非常开心，沉浸在自己将要被录取的兴奋中。突然，面试官问大学生有何感想，大学生回过神来，回答说：“您说得太好了！”面试官一听，顿时失去了笑容，盯了他好一会儿，最后冷冷地说：“太好了？我刚才说我之前摔伤了腿，现在经常腿疼！”

3. 主动交谈

主动交谈，会给对方留下热情和善于与人交流的好印象。虽然面试时的主动权是掌握在招聘者手中的，但求职者也可以通过适当的主动交谈来展现自己。例如，见面时主动问好，营造一些轻松的氛围，甚至向招聘者主动发问等。

（六）谈吐得体

求职交谈要把握一定的“度”，如说话的速度、声音的高度、感情的温度，以及表情、手势、姿态、风度等。通常，求职者在讲话时应语速平稳，音量适中，既要体现热情，又不可过于激动；多用敬语，如提到招聘者时要用“您”，提到用人单位时要用“贵公司”等。

招聘者说：“这个岗位员工的试用期月薪为 3 000 元，转正后月薪为 5 000 元。当然，这个岗位有很好的发展空间。”

甲求职者说：“我对月薪没有什么具体要求。我只想好好工作。”

乙求职者说：“我期望的月薪是 6 000 元，试用期 3 000 元还行。如果转正后只给我 5 000 元有点少，5 000 元根本不够花的。你们一个月 5 000 元够生活吗？”

分析：对于薪水的要求，甲求职者表现得过于自谦。每个人的劳动都是有价值的，在面试时要大胆说出自己的期望薪资，避免给人留下不自信或太过虚假之感。而乙求职者表现得过于自负，似乎没把招聘者放在眼里，很难面试成功。

四、求职交谈的技巧

（一）把握回答分寸

在面试时，求职者如果说得太少，则无法使招聘者对自己有充分的了解，进而降低面试成功的可能性；求职者如果说得太多，则可能使招聘者因某些信息否定自己。因此，求职者一定要把握好回答的分寸，说得不能过多也不能过少，且尽量向着有利于自己的方向回答。

有一位教师报名参加国家机关工作人员招聘考试。面试时，主考人一边翻阅着他的履历表，一边对他说："我详细地看了你的资料，真不错，经济、法律、管理都精通，还会两门外语。利用业余时间学习并拿到这些证书是很不容易的，年轻有为啊！你能不能谈谈学习方面的体会？"不料，该教师说："可以。我这个人从小就爱看书，别人都说我脑袋灵光，可要说全部靠业余时间学也是不可能的。为了学习，我和校长闹了几次不愉快。老实说，我早想离开学校那穷地方……"主考人听了这番话，若有所思。结果可想而知。

（二）巧妙应对提问

当被问到自己的某些特殊经历时，求职者应巧妙地使用合乎情理的语言来解释，进而给出肯定的答复。

当招聘者问"为什么你的学分那么低"时，某一求职者进行了如实回答："在校学习的关键时期，我的家庭发生了变故，父母无力支付我的学费。于是我便将全部业余时间都用在了打工上，导致很多选修课没有修够学分。但是那段艰难的岁月使我获得了不断进取的信心，也让我的交际能力和专业能力有所提高。"

分析：上述诚恳而机智的回答不仅能够消除招聘者的疑虑，还会让招聘者认为该求职者具有独立自主、认真刻苦的良好品质。

（三）讲究说话艺术

在面试中进行自我推荐时，求职者要尽可能把话说得富有情趣，以使用人单位对这段特别的自我推荐产生浓厚的兴趣，增加自己被录用的可能性。例如，求职者可以从自己的名字、所学专业或者用人单位的特色、新闻等说起，并适当地增加一点创意，巧妙地表述自己的特长和能力。需要注意的是，创意一定要恰到好处，如果牵强附会，则会弄巧成拙。

文秘专业毕业的聂品去应聘电器公司的销售经理助理一职。虽然专业不对口，但她的自我推荐却很有新意："我叫聂品，三只耳朵三张口，就是没有三个头。"主持招聘的副总经理一听，饶有兴致地点头，示意她继续讲下去。她接着说："从事销售工作，重要的是具备信息搜集能力和沟通能力。我虽然做起工作来没有三头六臂，但假如贵公司给我机会的话，我一定会用‘三只耳朵’倾听，搜集八方市场的信息；用‘三张嘴巴’说服客户，与客户谈判……”这种独具创意的自我推荐，使副总经理断定她是一个思维敏捷、拥有良好口语表达能力的人，而这正是公司渴求的人才，便破格录用了她。

（四）善于另辟蹊径

在面试时，遭到拒绝是常有的事。但求职者如果发现用人单位还有其他岗位适合自己，就可以寻找新的突破口，另辟蹊径，再推销一次自己，也许会柳暗花明。

师大政治系优秀毕业生小叶去一所重点中学求职。负责人翻看他的简历后告诉他：“虽然你的条件很优秀，但我们学校现在不缺政治老师，以后有机会一定优先考虑你。”小叶灵机一动，巧妙地向教务主任询问该校目前的师资配置情况。交谈中，小叶得知该学校缺历史老师，于是便提出自己在历史方面也有专长，愿意改教历史。

但负责人明确告诉他专业不对口不能录用。小叶说：“政史不分家，我自幼偏爱历史，虽然不是历史系毕业的，但自学和选修了许多历史专业的课程，而且对相关领域也有一定的研究，在校报上多次发表历史专业的论文。我相信我能胜任贵校的历史老师一职，需要的话我还可以兼任政治老师。一名老师能教两门课，对贵校来说不是很划算吗？”最终，负责人答应让小叶试讲，结果他顺利通过了测试。

（五）善于随机应变

在面试时，招聘者有可能提出一些令求职者意想不到的问题，甚至是无法直接回答的问题。这时，求职者要弄清对方的意图，敢于应对并巧妙回答。

有一位求职者去应聘董事长秘书。他满怀信心地走进董事长的办公室，准备把自己的简历及证件交给他，并做好了回答各种有关秘书专业问题的准备。可他万万没有想到，董事长提出了一个与职位完全不相关的问题：“你刚才所上的楼梯共有多少台阶？”求职者一时瞠目结舌，但他急中生智，果断地反问道：“您能一口说出‘董事长’三个字的笔画数吗？”董事长高兴地哈哈大笑，决定聘用这位求职者为他的秘书。

分析：面对意想不到的问题，上述求职者善于随机应变，以反问的方式巧妙化解了危机。董事长看中的正是这位求职者敢于挑战的勇气和随机应变的超常反应能力。

（六）大胆提出问题

在面试时，招聘者经常会让求职者主动提出一些自己想要了解的问题。这时，求职者一定要提，避免给对方留下不善言谈、不够主动或对应聘的工作没有太大兴趣的印象。需要注意的是，求职者提出的问题应当以工作内容为主，不宜主动提出涉及待遇、职位升迁等方面的问题。

（七）适时结束谈话

求职交谈的时间一般不会太长，面试结束时，招聘者可能会用“感谢你来面谈”等辞令来结束谈话，或者以起身的方式示意面试结束。这时，求职者应立即结束话题，及时地起身站好并与招聘者握手，以表示感谢。即使感觉自己被录用的概率很小，求职者也应礼貌地表达谢意，而不应继续推销自己或为自己申辩。

口才训练营

一、训练目标

通过模拟面试，让学生进一步掌握求职交谈技巧。

二、训练内容

（1）以小组为单位，模拟多人面试场景。其中，一名成员扮演招聘者，其他小组成员扮演求职者，看看在面试中哪位“求职者”能够脱颖而出。

（2）以小组为单位发布招聘计划，并组建招聘者团队，同时委派一名成员去其他组参加面试。

三、训练评价

（1）认真准备“面试”，并根据实际情况开展“自我推销”。

（2）参加“面试”时态度诚恳，灵活运用所学的求职交谈技巧。

视野纵横

传承工匠精神　汲取前行力量

工匠精神是什么？它是人们在长期的物质生产过程中形成的一种职业素养和职业品质，是中华民族 5 000 多年历史文化在生产和生活中的积淀。新时代背景下，工匠精神被赋予了新的含义，传承、培育、践行好工匠精神，将为奋进的中国人民、前行的中国提供更为强大的精神动力。

坚定“执一事，终一生”的信念。坚定的理想信念是工匠精神的核心。无论希望多么渺茫，无论环境多么恶劣，无论任务多么艰巨，只要认准了，就不能轻言放弃。如今经济提升迅猛、社会发展转型、生活节奏加快，“一生只做一件事”的坚守，“滴水定能穿石”的信念更为珍贵。传承工匠精神，恰能“对症下药”，戒除“短平快”式心浮气躁，让“高精尖”成为理所当然。

付诸“钻一行，精一行”的努力。国外的“一万小时定律”和国内的“台上一分钟，台下十年功”讲述的是同一个道理——要想成为行家里手，除了付出时间，还需要付出努力。工匠精神并不只针对制造行业，各行各业的工作人员都应具备工匠精神，立足本职工作，以敬畏之心对待工作，尽心竭力，练就专业能力和专业素养。

成就“工一技，匠一心”的品质。当前，“品质革命”已席卷中国大地，“只有更好，没有最好”的“品质精神”则是工匠精神的“根”与“魂”。在新时代，大力弘扬、传承工匠精神，以卓越引领方向，以创新推动发展，进而不断满足人民群众对于美好生活、美好事物的向往。

资料来源：学习强国，有改动

探索二 推 销

学习清单

每完成一项学习任务，就在对应的方框中打一个钩。

课前预习	□	预习课本知识，了解推销的相关知识
	□	与同学交流，说说自己生活中遇到的推销员是如何推销的
	□	通过网络或其他途径搜集经典的推销案例，体会语言表达能力对推销工作的重要性
课中学习	□	认识推销，深入理解推销在现代社会生活中的意义
	□	掌握主动接近顾客、了解顾客需求、说服顾客购买产品的推销语言技巧
实践练习	□	通过模拟演练，具备对特定产品或服务进行推销的语言组织和表达的能力
课后复习	□	分小组查找并观看不同类别产品的推销视频，小组成员相互交流其中所蕴含的推销秘诀

口才初探

盲目的推销必然会失败

小陈负责某网站广告位的推销工作。一天，他经朋友介绍认识了某印刷厂的老板赵某。刚一见面，小陈就热情地向赵某介绍自己负责的网站广告位多么紧俏，点击率多么高，他还说如果赵老板在他那里做广告的话，一定能帮印刷厂招揽更多的客户……小陈心想，自己这么卖力地推销，这笔生意一定能谈成。

然而，听完小陈滔滔不绝的介绍后，赵某非常冷淡地拒绝了他，并说："我们印刷厂的客户都是一些固定客户，我们不需要做广告。"

资料来源：https://www.docin.com/p-1201252264.html，有改动

探索与思考

小陈为什么会失败？你认为口才在推销过程中重要吗？

探索点拨

满足客户需求是推销活动的出发点和归宿。推销人员要认真了解、深入挖掘客户需求，并且根据客户的需求提供对应的产品，这样推销活动才能获得成功。对于推销员来说，口才是制胜法宝。拥有良好的推销口才，推销员不愁产品卖不出去；拥有良好的推销口才，推销员不怕市场拓展不开。

探索学习

一、推销的内涵

有人认为推销是忽悠人买东西；有人认为"酒香不怕巷子深"，推销只是企业产品销售的辅助手段。在企业经营中，推销是企业推销员根据企业营销计划，运用一定的手段和技巧，通过与顾客的直接接触，将产品或服务的相关信息传递给顾客，使顾客认识产品或服务的性质、特征，进而激发其购买欲望，促使其实施购买行为的整个过程。

推销的关键在于推销员是否能够说服顾客，使其购买自己的产品。为了实现这一目的，推销员首先应掌握产品或服务的相关信息，然后利用口头语言与顾客展开交流，在了解对方各种需求的基础上，有针对性地、巧妙地解答顾客提出的问题，以引起对方的注意及兴趣，取得对方的信任，激发对方的购买欲望，进而使对方实施购买行为。

口才互动吧

推销界一直有一句名言："推销自己比推销产品更重要。"最成功的推销就是将自己推销出去。你如何理解这句话？

二、推销的语言特点

因推销具有特定的使用情境和使用对象，所以，推销语言除了具有一般的语言特点之外，还具有以下几个特点。

（一）专业性

推销员一定要掌握与产品或服务有关的专业知识，并且能用最准确、最直白、最简洁的语言向顾客讲清楚产品的功能及使用方法，使顾客一目了然并心中有数。此外，推销员还要及时了解所推销产品的生产情况和市场应用情况，与时俱进，跟上科技飞速发展的新形势。

小贴士

推销员的专业化程度越高，折射出的业务水准就越高，进而可以增强顾客对推销产品的信任度，提高顾客购买的可能性。但在解答顾客的疑问时，推销员要尽量使用通俗易懂的语言进行解释，少用专业术语，避免使顾客因产生困惑或畏难情绪而降低购买兴趣。

（二）真实性

语言真实是推销员取信于顾客的基本前提。推销语言的真实性一方面是指语言内容真实、确切，即推销员介绍产品时要实事求是；另一方面是指推销员要感情真挚、满腔热情地接待每一位顾客。

（三）渲染性

在推销产品时，为了给顾客留下强烈、深刻的印象，在不失真的前提下，推销员可以在形容产品的功能特点等方面，采用比喻、借代、排比等修辞手法来加深顾客对产品的印象。但对产品性能等科技含量高的要素进行宣传时，推销员必须使用真实、准确的数据，不允许有任何的夸张，以免引起售后纠纷。

（四）针对性

推销语言的运用，必须以满足顾客的需求为前提，强调宣传要点的针对性。推销员面对顾客开展推销时，首先应当明白向对方推销什么，然后针对不同的顾客、不同的购买需求，确定用什么样的推销方式、推销语言去打动对方，从而快速激发对方的兴趣，提高推销的成功率。

（五）目的性

推销员与顾客打交道的目的就是宣传、推销产品。推销员只要开口，就要影响顾客的思维和行为，尽力促成这笔买卖。在开口说话前，推销员应有充分的准备，如怎样说、这样说会产生什么效果、自己将怎样应对顾客的提问等。

在推销产品时，推销员可以通过对几种同类产品进行性价比分析，来证明自己产品的“物有所值”，或提醒顾客自己推销的产品正是顾客需要的，使语言极具诱惑性，从而引导顾客购买。

一位女顾客走进一家服装店。

甲服务员说：“请问您想买什么？”

顾客说：“随便看看。”

乙服务员说：“您好，我们店刚进了几款今年最新款的裙子，您想先看看半身裙还是连衣裙？”

顾客说：“我看看连衣裙吧。”

乙服务员说：“看，这些是素色系，这些是花色系。您先看哪些？”

顾客说：“我先看看素色系吧。”

…………

顾客说：“好的，就买这一款吧。”

分析：在上述场景中，甲服务员的问题过于宽泛，无法使顾客说出具体的答案，特别是对那些打算随便逛逛的顾客而言。结果可能就是顾客看了一圈，什么也不买就走了。而乙服务员的提问为顾客设定了选项。在她一步步地引导下，顾客的购买目标逐渐明确下来。这样很容易促成一笔交易。

（六）时代性

作为交流的工具，语言在产品推销中的运用是最富时代性的。陈旧过时的语言会被淘汰，与时代发展相契合的语言逐渐产生并传播。社会、经济、文化的发展变化，都可以通过推销语言集中地反映出来。

（七）幽默性

幽默语言的魅力就在于，话虽然引人发笑，却包含着耐人寻味的深刻含义。幽默的语言本身就是一种极具感染力的推销方式，用得好会给顾客留下深刻的印象。

> **话有引力**
>
> 善谈者必善幽默。
>
> ——弗朗西斯·培根

帽店的店员对一位先生说：“先生，这款游泳帽最适合您，买一顶吧。”

先生谢绝说：“不必，我头上这几根头发数都能数过来了。”

店员笑着说：“可您一戴上这种帽子，别人就不会数您的头发了！”

（八）应变性

顾客是各种各样的，不同的消费情景、不同的心理需求，对推销语言的要求也不尽相同。这就需要推销员在不同的场合，针对不同的顾客说不同的话。

口才知识窗

顾客的十种购买心理

一、方便心理

这类顾客比较注重产品操作是否简单，购买过程是否方便等。在向这类顾客推荐产品时，推销员可以利用配送、售后等服务抓住顾客的心，如送货上门、上门维修等。

二、保障心理

这类顾客比较注重产品的售后保障。在向这类顾客推荐产品时，推销员应提供详尽的售后说明，介绍专业的售后维修服务等。

三、安全心理

这类顾客比较注重产品使用的安全性。在向这类顾客推荐产品时，推销员应多介绍产品的安全性。

四、求美心理

这类顾客比较注重产品的款式、颜色等，会以个人的审美标准为出发点选购产品。在向这类顾客推荐产品时，推销员应从美观的角度出发，多推荐几款性能相当、外观不同的产品让顾客自己选择和比较。

五、求实心理

这类顾客比较注重产品的实用性能，首先考虑产品的实用性，其次考虑产品的外观和品牌。在向这类顾客推荐产品时，推销员应尽量推荐一些功能性、实用性强的产品。

六、求廉心理

这类顾客比较注重产品的价格，追求低价位的产品，在购买产品前会对价格进行比较。在向这类顾客推荐产品时，推销员可利用价格优惠、赠品等，激发他们的购买欲望。

七、求名心理

这类顾客比较注重名牌，以显示自己的地位和威望。在向这类顾客推荐产品时，推销员可多推荐品牌产品或价格适当高一些的产品。

八、尊重心理

这类顾客希望受到尊重。即使产品的价格、质量有不尽人意的地方，受到尊重的顾客也会因盛情难却愿意购买。作为推销员，一定要从内心真诚地对待顾客，在语言和动作上表现出对顾客的尊重。

九、从众心理

这类顾客容易受到群体意见或行为的影响。在向这类顾客推荐产品时，推销员可告诉顾客该产品是本店销售量最高的，经常断货，以此激发顾客的购买欲望。

十、好奇心理

这类顾客喜欢尝试奇特的产品，寻求产品的新功能。在向这类顾客推荐产品时，推销员可从产品的特殊功能、特殊工艺、专业服务等方面入手。

三、推销的语言技巧

扫一扫

推销洽谈的原则

作为一名推销员，要想让顾客喜欢与自己聊天，接受自己的建议并实施购买行为，必须掌握一定的推销语言技巧。

（一）诱导顾客的语言技巧

一般情况下，产品推销是在短时间内完成的。简短的推销语言能否突出自己的产品特点，将顾客吸引到自己的产品旁边，打动顾客进而激发顾客的消费欲望，关键在于推销语言是否具有强烈的诱导性与渲染色彩。推销中最常用的诱导顾客的语言技巧有层层诱导和定向诱导两种。

1. 层层诱导

层层诱导是指推销员根据顾客的购买心理，在不让对方感受到压力的原则上，接连不断地对其进行劝诱，促使其实施购买行为的一种口才艺术。推销员利用层层诱导，可以激发顾客的兴趣。这样，顾客很有可能在自己的引导下购买产品。

一位顾客选定了一条价值 200 元的领带，正当他准备去付款时，营业员开始对他进行诱导——

“先生，您打算穿什么样的西服来配这条领带？”

“我想，我那件白色西服应该很合适吧。”

“先生，我这儿有另一款领带更配您的白色西服。”说着，营业员拿出了一条价值 300 元的领带。

“是的，确实很漂亮。”顾客欣然接受。

“再看一看与这些领带相配的衬衣怎么样？”

“我想买一件黑色衬衣，可我刚才都没有找到。”

“那是因为您没有找对地方，您穿多大号的衬衣？”

还没等顾客反应过来，营业员已经拿出了 3 件黑色衬衣，单价为 400 元。

“先生，您感受一下质地，是不是很棒？”

“是的，这件手感更舒服，颜色更正，我买这件好了。”

这样，顾客心满意足地付了 700 元离开商场。

2. 定向诱导

定向诱导是指推销员有目的地引导顾客按照自己设定的方向思考的说话艺术。

房子门铃响后，主人把门打开，看见一名推销员站在门口。此时，推销员问道："您家里有高级的食品搅拌器吗？"这突然的一问使主人不知怎样回答才好。他转过脸来和夫人商量，夫人有点窘迫但又好奇地答道："我们家有一个食品搅拌器，不过不是特别高级的。"推销员回答说："我这里有一个更适合您的。"说着，他从提包里掏出一个食品搅拌器，并向这对夫妇讲解了起来。

分析：假如这名推销员一开口就说："我是某公司的推销员，我来是想问一下你们是否愿意购买食品搅拌器。"这对夫妇很可能将他拒之门外。

（二）激发顾客的语言技巧

当顾客产生购买欲望但又犹豫不决的时候，推销员可适当刺激对方，促其迅速做出决断，完成交易。这就要求推销员对顾客有细致入微的观察及具备迅速的反应和判断力，能洞悉顾客的心理变化过程，然后找到突破口对其进行"激发"。

在激发顾客购买产品时，推销员要掌握"激"的火候，不可操之过急，也不可强买强卖。推销员可先以询问的方式探明顾客的"底细"，然后循循善诱地感染顾客，激发顾客，恰到好处地促使交易成功。

在给顾客包装其购买的衣服时，营业员听到了其同行的女士向顾客询问自己在女儿的婚礼上该如何着装，随即开始了一场积极的推销——

"您女儿都要结婚了？真看不出来，您皮肤真好，看起来真年轻！"营业员对女士说。

"是的。年轻什么，我都 51 岁了！"女士说。

"51 岁？！一点儿都不像。您看起来也就 40 出头。您在女儿婚礼上是想穿裤装呢，还是想穿裙装？"

"6 月份穿裤装大概会热的，还是裙装比较好点儿。"

"女儿结婚是一个喜庆和备受关注的事情。裙装对身材的要求较高。如果穿裙装，我建议您买一套我们新进的一款塑形内衣。这款塑形内衣会使您的身材与皮肤更相配，在婚礼上更光彩照人呢。您不必急于决定，可以先试穿一下，看穿上的效果再决定。"

试穿后，这位女士购买了内衣，与顾客一同高兴地离去。

（三）比较产品的语言技巧

俗话说："不怕不识货，就怕货比货。"推销员在推销产品时，可以将自己的产品和其他同类产品进行对比，让顾客在对比中发现差别，判断优劣，选择产品，从而增加推销的说服力。

在比较产品时，推销员既不能言过其实，也不能为了达到推销目的故意攻击同类产品。例如，推销员可以用对比的方法讲解自己的产品在哪些地方进行了针对性改进，并讲解改进的原因和改进后的效果，使顾客相信自己的产品具有优越性。

（四）巧妙提问的语言技巧

在推销过程中，有的顾客会不假思索地拒绝推销。遇到这种情况时，推销员不应“退避三舍”，而应“迎难而上”。此时，巧妙提问是关键。

如果遇到顾客使用“不要”“今天不买”“再说吧”等托词时，推销员首先要能够分析出顾客说这些话时的心理状态，如对价格不满意，不喜欢这个牌子，或者根本无意购买等，然后针对具体状况有的放矢地提问。只要顾客有了一次回答，推销员就可以抓住机会继续提问，在交流中进一步了解对方，进而促成交易。

（五）现场演示的语言技巧

如果凭借语言难以让顾客了解产品特性时，推销员就可以采用实物、图片、模型等来加以演示。必要时，推销员可请顾客亲临现场，将产品的功能、特点、使用方法逐一演示，并配合生动有趣的说明，充分展现产品的魅力，这比单靠言辞说明更有吸引力和说服力。

一名抽油烟机推销员是这样演示他的产品的——

“女士，请您注意看一下。”他一边说，一边将两张报纸分别夹到了抽油烟机的两侧。

“您看到报纸的变化了吗？是不是都被吸上去了？您到其他同类产品处，也让他们给您试一试好吗？”

顾客拿着报纸试过后回来了。

“怎么样，是不是也都吸上去了？”

“没有，他们只是有一侧吸上去了。”

“这就对了。全方位立体吸烟功能是我们的新技术。而且我们拥有抽油烟机的电机专利技术，其他同类产品的生产商很多是购买我们的电机技术去生产电机的，因此他们的研发能力要落后于我们。我们产品的全方位立体吸烟功能目前是独一无二的，质保期也是最长的。”

…………

最终，顾客购买了一台抽油烟机。

分析：这名推销员除了通过演示证明了产品功能的独到之处外，还通过售后服务的优势消除了顾客的后顾之忧，从而吸引顾客购买自己的产品。

（六）拉近关系的语言技巧

虽然推销员与顾客的立场一般是对立的，但推销员的一句贴心话可以缩短推销员与顾客之间的心理距离，消除顾客对推销员的戒备，从而为产品打开销路创造良好的条件。

由于顾客的性格不同，即使他们有同一需要、同一动机，其表现方式也会有所不同，因此推销员在推销时要找准顾客的兴趣点，把话说到顾客的心坎儿上。在推销过程中，推销员不仅要了解顾客的需求和动机，还要对顾客有基本的认识和判断，然后根据对方的年龄、身份等特征恰当运用推销语言，与顾客产生共鸣，从而提升推销的成功率。

口才互动吧

假如你要向你的好朋友推荐一款产品，如文具、护肤品或电子产品，你会如何推荐？推荐产品时会使用哪些语言技巧？

口才训练营

一、训练目标

通过推销比赛，让学生进一步掌握推销语言技巧。

二、训练内容

（1）以小组为单位，5～7人一组，其中一名成员扮演推销员，其余成员扮演顾客。

（2）每个小组选择一种小产品（如水杯、笔、纸巾、便签本等），结合实物进行推销。

（3）“推销员”可同时向一名或两名“顾客”进行推销。在推销过程中，“推销员”要对不同的“顾客”使用不同的推销语言技巧；“顾客”要确定自己的性格特点和购买心理，并提出不同的问题，适当刁难“推销员”，不要轻易决定购买。

（4）“推销员”向小组内每一名“顾客”都推销成功后，可互换角色，另选产品再次模拟推销。

（5）小组成员评选出“最优推销员”“最难说服顾客”。

（6）总结如何做好一名推销员，推销员应注意的语言技巧有哪些。

三、训练评价

（1）能根据实际情况展开产品推销，灵活运用所学推销语言技巧。

（2）表演生动有趣，想象力丰富。

视野纵横

“直播带货”：火爆展现中国经济自适应能力

2020年4月20日，陕西省商洛市柞水县小岭镇金米村的直播平台开播，12.2吨当地特产柞水木耳一上线瞬间被“秒光”。

如此火爆的“买买买”场面在网上直播中并不少见。作为一种新型零售模式，蓄力已久的直播经济迎来爆发式增长。央视“名嘴”与淘宝网主播跨界合作，两个晚上就为湖北带货超亿元；各级干部、农学院士出镜，不仅帮老乡打了广告，更以接地气的吆喝引导更多人关注“三农”……各方面的热情参与，让“直播带货”成为“宅经济”中一道亮眼风景。

透过火爆的直播间，人们可以看见琳琅满目的商品，更能看到中国经济的巨大潜能。随着时代的发展，商家的销售方式应时调整，人们的消费习惯迅速改变，这种强大的自适应能力，从侧面反映出中国经济强大的韧性与活力。

新兴消费力量的“生长拔节”看似轻巧，其实是厚积薄发的结果，背后是中国几十年发展积累下来的深厚家底。例如，正是得益于3.5万公里的高铁里程、23万公里的航路航线，海南的时令水果才能在不到半天的时间内就摆上北京市民的果盘，城东的海鲜水产才能在一小时内就端上城西食客的餐桌。又如，没有网络的迅猛发展和普及，远在大山深处的卖家哪能开着直播推介土特产？没有电商平台服务器的扩容、移动支付的完善，人们又哪能随时随地咨询、下单？

“人能尽其才，地能尽其利，物能尽其用，货能畅其流”，前人所梦想的中国发展图景，正一步步变成现实。“直播带货”在给人们信心的同时，也启示人们，继续狠抓基础建设，更多新动能、新业态才能有源头活水，从而给人们更大的惊喜。

资料来源：人民日报，有改动

探索三　谈　判

学习清单

每完成一项学习任务，就在对应的方框中打一个钩。

课前预习	□	预习课本知识，了解谈判的相关知识
	□	与同学交流，说说自己平常在生活中是怎么与别人谈判的
	□	利用网络和其他途径观看涉及谈判的电影或电视剧片段，体会语言表达能力对谈判的重要性
课中学习	□	认识谈判，感受谈判的价值和重要性
	□	掌握谈判的基本技巧和语言技巧
实践练习	□	通过仿真或真实演练，掌握灵活、巧妙的谈判技巧，并在不同的谈判场合灵活运用谈判技巧，寻求双方共赢
课后复习	□	为自己制订相应的谈判语言技巧训练计划
	□	分小组观看不同的谈判视频，总结谈判双方的优缺点及各自使用的谈判语言技巧

口才初探

厂长的谈判

三源玻璃厂厂长率团与外国A公司就引进先进的玻璃生产线一事进行谈判。由于资金不足，三源玻璃厂提出了部分引进生产线的方案，但遭到A公司拒绝，使谈判陷入了僵局。

厂长虽然心急如焚，但还是冷静分析形势，改变了谈判战术。“全世界都知道，你们公司的技术是一流的，设备是一流的，产品是一流的。”厂长转换了话题，向A公司表达了诚挚的赞叹，缓解了对方因谈判僵局产生的抵触情绪。“如果你们公司能够帮助我们玻璃厂跃居世界一流企业，那么全中国人民都会感谢你们。”虽然又回到了刚才的话题，但由于前面说的那些话，并未引起对方的不满。

“我想你们肯定知道，现在还有其他几个国家的代表团正在与我们玻璃厂接洽生产线引进事宜。如果我们这次的谈判因为一点点的小事而失败，那么不仅是我们玻璃厂，你们公司也将蒙受重大的损失。”厂长使用“一点点小事”来轻描淡写，巧妙指出谈判如果破裂，将给对方带来的巨大损失，从而使对方能够积极面对，为谈判成功打下良好的基础。

厂长接着说：“目前，我们的确有资金方面的困难，不能全部引进生产线，这一点务必请你们理解和原谅。困难只是暂时的。我们作为一个有着悠久历史和广泛行业影响力的企业，不会因为这一点小小的波折而止步不前。”这段话让A公司开始考虑玻璃厂的发展前景。最终，双方打破了僵局，签订了协议。

资料来源：360图书馆，有改动

探索与思考

（1）对于这个案例，你有何感想？

（2）谈判语言技巧对于人们的日常生活有何影响？

探索点拨

任何谈判都不是一蹴而就的，都需要双方不断地商议、妥协。有妥协才能有所获得，这就是谈判；各退一步才能让谈判进行下去，这就是谈判的魅力。

无论人与人之间、企业与企业之间、国家与国家之间建立什么样的联系，或发生什么性质的矛盾，大到国际争端，小至家庭纠纷，人们都可以通过谈判的方式来解决问题。灵活运用谈判语言技巧，人们可以争取到更多的主动权，达到维护或获取更多切身利益的目的。

探索学习

一、谈判的内涵

谈判是人们为了协调彼此之间的关系，满足各自的需要，通过协商而争取达到意见一致的行为和过程。谈判有广义和狭义之分，广义的谈判包括工作和生活中的一切协商、磋商、交涉、商议等；狭义的谈判则是指参与各方在特定时空下，为满足自己的需要而进行的正式商谈活动。

所谓谈判，既要“谈”，又要“判”。运用口才表达观点是“谈”，借用口才表达判断的结果是“判”。在谈判中，善口才者，一言而胜；不善口才者，一言而败。

口才互动吧

你网购了一双运动鞋，收货时发现鞋子略有色差，其他都感觉良好。由于退货费时费力，你打算就此与网店进行谈判。在不退货的前提下，你会如何争取自己的最大利益？

二、谈判的语言特点

谈判的过程是谈判者的语言交流过程。语言在谈判中犹如桥梁，占有重要的地位，往往决定谈判的成败。一般而言，谈判语言具有以下特点。

（一）客观性

谈判语言的客观性是指在谈判中运用语言技巧表达思想、传递信息时，谈判者必须以客观事实为基础，并运用恰当的语言，向对方提供令人信服的依据。谈判语言的客观性决定着谈判各方的诚信度，只有尊重客观事实，才能赢得彼此的信任，为下一步取得谈判成功奠定基础。

（二）针对性

谈判语言的针对性是指谈判者根据谈判对象、目的、阶段的不同而使用不同的表达方式，做到有的放矢、对症下药。不同的谈判对象，其性别、年龄、性格、身份、观念等均有差别，谈判者使用的谈判语言要有所不同；不同的谈判主题、阶段，谈判者使用的表达方式也应有所不同。总之，谈判语言要围绕重点，不枝不蔓，言简意赅，切中要害。

（三）逻辑性

谈判语言的逻辑性是指谈判者在谈判过程中对语言的运用要概念明确、逻辑合理、依据确切、说服有力。这就要求谈判者在谈判前必须做好充分的准备工作，对有关信息进行科学的分类，并熟练掌握。只有具备严谨的逻辑性，谈判者才能在谈判桌上有理有据、有序有力地驳倒对方，使谈判向着有利于自己的方向发展。

（四）规范性

谈判语言的规范性是指谈判者在谈判过程中的语言表述要文明、清晰、严谨、精确等。

（五）灵活性

尽管谈判双方事先都尽最大努力做了充分的准备，但谈判者依旧很难准确地预测对方在谈判的不同阶段会采用什么样的战略。因此，谈判者要密切注意对方的信息输出和反馈情况，仔细倾听并分析对方的话，善于察言观色，准确捕捉对方的眼神、表情、姿态等无声语言所传递的信息，然后随机应变，灵活机动地组织谈判语言。

口才加油站

律师的谈判语言

律师小罗去一家商店购买健身器。他与销售员讨价还价的过程如下。

小罗：你们这家店的健身器售价很低，是不是？

销售员：如果我们的售价不够低，就别想在这个行业立足了。

小罗：我是真的不想再货比三家了，太折腾人了。请问这款健身器最低的价钱是多少？

销售员：3 200 元。

小罗：如果 3 200 元就是你们能够给出的最低价格，那我只能到别的地方去看看了。

销售员：如果你可以找到比这还低的价格，我们也可以按照那个价钱给你。

小罗：你们这部健身器最便宜卖过多少钱？

销售员：3 100元。

小罗：如果我用3 100元买这部健身器，你能不能在收据上写保证，这是最低价格？

销售员：这不公平的。

小罗：哪里不公平？

销售员：老实跟你说好了，我卖过一部3 000元的。

小罗：这价格包不包括运费和安装费呢？

销售员：通常是不包括的。

小罗：你的意思是3 000元里面包括了运费和安装费用，对不对？

销售员：对，我的权限只到这里。

小罗：如果我还想谈价钱，那我应该和谁谈呢？

销售员：经理。

这时经理出场，接下来是小罗与经理的对话。

经理：3 000元是最低的价格，没法再让了。

小罗：刚才销售员说，健身器下面的地毯，还有延长保修期限需要的100元可以包括在里面，是不是？

经理：好吧，如果你今天想买的话。

就这样，小罗在了解对方底价的基础上，以较低的价格买到了称心的商品。

资料来源：百度文库，有改动

三、谈判的语言技巧

（一）基本技巧

1. 直言

在谈判中，心诚意笃，直抒胸臆，有时即便是逆耳之言，也能收到很好的效果。正如弗朗西斯·培根所说的那样：“人与人之间最大的信任就是关于进言的信任。”直言是谈判者真诚的表现。当然，直言并不意味着粗鲁、不礼貌、信口开河。谈判时直率地表达自己的观点，特别是逆耳之言，最好应注意以下两点：一是语调、表情和姿态上要体现真诚之意；二是在拒绝、制止和反对对方的某些要求和行为时，要陈述清楚原因和利害关系。

2. 委婉含蓄

相关研究结果表明，谈判者的认识和情感并不是完全一致的。因此，有些话虽然正确，但在谈判中直接说出，可能使对方难以接受，这时一味直言就不会取得好的效果。如果谈判者能磨去讲话时的“棱角”，对方也许就会接受你的意见，这就是委婉含蓄的妙用。

假如对方问“我们觉得这种产品很好，你认为怎么样？”谈判者回答“是不错，不过我更喜欢……”比“不怎么样”“不好”要委婉许多，这样，接下来的谈话也会让对方更容易接受。

口才互动吧

在谈判中，直言和含蓄表达是否互相矛盾？为什么？

3. 模糊

在谈判中，谈判者有时会因某种原因不便或不愿把自己的真实思想暴露给别人，这时就可以把想要输出的信息模糊化。这样既不伤害别人，又不使自己难堪。

在一次招商谈判中，招商部的刘经理向客户详尽地介绍了公司的招商项目。但客户却说：“嗯，道理是这样，但是说实话，我还是对项目信心不足。”刘经理说：“您谦虚了，您看，您有做管理服务的经验，这个对您及项目来说，是成功的必要条件，也是我们选择加盟商的条件之一。”

分析：客户的话表明了他对公司和项目没有信心。因为前面已经对项目做了详细介绍，所以刘经理就巧妙地转移了话题，引导客户将关注点从项目本身转移到自身能力和信心上。

4. 反语

反语，就是说反话。为了达到某种目的，谈判者在谈判中有时会说出和自己真实意图相反的话。反语可以产生幽默感或讽喻性，有时比正说更有力量。

5. 沉默

俗话说“沉默是金。”谈判中适时地沉默，往往会比滔滔不绝地发表观点更有效果。适当的沉默会给自己蒙上一层神秘感，会让对方猜不透你葫芦里卖的是什么药，迫使对方耐不住性子先说话，从而让对方先露出动机、底线等。

一个工厂主打算变卖自己的旧机器，心想：“这些机器磨损得很厉害了，能卖多少钱算多少钱吧，能卖到四万元最好了。如果别人压价压得狠，三万元我也咬牙卖了。”

终于有了一位买主，他在看完机器后，挑三拣四地说了一大通对机器不满意的地方。工厂主认为这是压价的前奏，于是耐着性子听对方滔滔不绝地埋怨。

埋怨一通后，买主停了下来：“说实话，我不太想买，如果你给出的价格合理的话，我可以考虑一下，你说个最低价吧！”工厂主静静地思索着：“到底是说四万元还是三万元？”就在他沉默的那三秒钟，他听到了买主说：“不管你想着怎么提价，首先要说明的是，我最多给你六万元，这是我的底线。”因为沉默了三秒钟，工厂主多赚了几万元。

6. 幽默

幽默是智慧的表现。一般人认为，谈判是正式与严肃的。而幽默可以缓和紧张的谈判形势，形成友好和谐的氛围，缩短双方的心理距离，钝化对立感，能使谈判者在“山重水复疑无路”时寻得“柳暗花明又一村”。

口才知识窗

向孩子学习谈判技巧

当人们谈及孩子时，所能想到的除了“纯真、乖巧、热情”外，还有“顽固、坚定、霸道”等。和孩子争论，最终获胜的通常是他们，所以有一种说法是“孩子是世界上最棒的谈判高手”。

一、装糊涂

孩子在装糊涂时有以下两种表现：要么装作没听明白，要么装作没有听见。例如，他们会用逐渐升高的语调连问几个“什么”，致使其他人会出于无奈，不再和他们争辩。谈判时，谈判者如果还未做好充分准备，可以假装没有听懂对方表达的意思，从而赢得思考时间。但装糊涂要适可而止，以免被对方认为是不听他人意见或缺乏敏感性。

二、舍面子

由于孩子的自尊尚未完全建立，他们常常会不顾形象地尽情讨价还价，从而获得更多的利益。谈判者在谈判中也可以选择舍弃面子，通过磋商，努力维护自身利益。虽然舍弃面子会让对方认为自身是赢家，但谈判者却用面子上的损失换取了切实的利益。

三、不放弃

孩子有一种永不放弃的精神，他们会一次又一次地表明自己的需要，缓慢而坚定地消除对方的一道道防线，直到得到自己想要的东西。这一技巧在谈判中同样奏效，只要谈判者保持一定的专业风度且有真正的实力，便可通过一次次的要求逐步摧毁对方的防线。在这种情况下，对方可能还会对谈判者的执着表示赞赏，因为谈判者的持之以恒或许预示着后续合作上的高效。

（二）听的技巧

在谈判中，谈判者只有在清楚地了解对方的观点和立场后，才能根据对方的意图提出己方的对策。因此，为了保证及时、准确、恰当地获取信息，以及有效地反馈信息，谈判者必须掌握谈判中听的技巧。

1．专心致志、集中精力地听

谈判者在听对方发言时要聚精会神，以积极的态度去听。即使是自己已经熟知的内容，谈判者也应避免出现充耳不闻、心不在焉、“开小差”等现象，做到时刻集中精神，给予对方关注，努力分析其讲话内容的隐含意义。

2．耐心地听

耐心是个人良好修养的体现。在谈判中，谈判者应耐心地倾听对方的阐述，不随意打断对方的发言，使其完整而充分地表达出真实想法，便于自己全面、准确地掌握对方的心态及意图。耐心地听要求谈判者在对方完整表达之前不轻易提出问题或进行反驳，而是等对方把话说完，并用目光、表情及微小的动作对其进行回应。

3. 进行必要的记录

通常来说，人们将短期记忆转化为长期记忆的能力是有限的。在谈判时间较长、发言内容较多的情况下，谈判者应该在倾听时对所获得的信息做适当的记录，作为后续谈判的参考。在后续谈判中，谈判者可以对记录的内容进行有效分析，正确理解对方讲话的含义，并适时向对方提出问题。此外，通过做记录，谈判者还能够传达对对方发言内容重视的信号。

口才互动吧

无论是在谈判中还是日常会议中，做好记录都是必要的。你认为如何做记录才能保证高效、准确？

4. 有鉴别地听

在专心倾听的基础上，为了取得良好的倾听效果，谈判者应该有鉴别地倾听对方的发言。谈判双方虽然在谈判前为发言做好了准备，但在谈判中，他们会根据实际情况边想边说。因此，谈判者需要在专心倾听的同时，鉴别听到的信息真伪，并去粗取精。

5. 及时证实和反馈

在谈判中，谈判者不仅要认真、耐心地倾听，还要不断对自己听到的内容进行证实和反馈。对于自己听到的内容，无论听懂与否，谈判者都应通过反问的方式予以证实，切忌自以为是。

小贴士

在谈判中，谈判者要克服先入为主的倾听做法。先入为主的倾听，往往会扭曲对方的本意，忽视或拒绝与自己想法不符的意见，这种做法不仅不利于谈判，甚至有可能导致判断失误，从而做出错误的反馈。因此，谈判者不应按照自己的主观意识来听取对方的发言，而应客观、公正地倾听，把对方的发言听全、听透。

（三）问的技巧

提问是谈判者了解对方的需要、获取己方所需信息的一种手段。有效的提问是谈判能力的体现。

提问应与谈判情节相适应。在开始阶段，提问意在活跃气氛，拉近双方的距离，一般会提一些与谈判没有密切关系的题外问题，如“旅途怎么样”“在这里生活习惯吗”等。在实质性谈判阶段，提问应围绕交易条件的磋商展开。一般来说，在谈判中提问应注意以下几点。

1. 在合适的时机提问

在谈判中，把握合适的提问时机，有助于引起对方注意，掌握主动权，使谈判取得出奇制胜的效果。

（1）在对方发言完提问。当对方发言时，谈判者一般不要急于提问，而应认真倾听，避免引起对方的反感。在倾听过程中，谈判者若发现问题，可以先记下来，待对方发言完再提问。这样不仅能够体现出自己的修养，而且能够全面完整地了解对方的观点和意图，避免因操之过急而曲解或误解对方的意图。

（2）在对方发言停顿、间歇时提问。在谈判中，如果因对方发言冗长、不得要领、纠缠细节、离题太远等问题影响谈判进程，谈判者可以在其停顿或间歇时提问，以推动谈判进程，争取主动。例如，当对方停顿时，谈判者可以借机提问："细节问题我们可以再谈，请先谈谈产品质量好吗？""第一个问题我们明白了，那第二个问题呢？"……

（3）在己方发言前提问。在谈判中，当轮到己方发言时，谈判者可以先就对方的发言进行提问，然后再阐述己方的观点。提问时，谈判者可以要求对方回答，也可以自问自答，如"您刚才的发言要说明什么问题呢？我的理解是……""价格问题您讲得很清楚，但质量和售后服务怎样呢？我先谈谈我们的要求，然后请您答复。"通过自问自答，谈判者可以争取主动，避免对方接过话后影响己方发言。

2. 采用恰当的方式提问

谈判中的提问方式多种多样，有封闭式提问、开放式提问、婉转式提问、澄清式提问、探索式提问、引导式提问、协商式提问、选择式提问等。

刚开始，咖啡店的服务员总是问顾客："您好，喝咖啡吗？"或者"您好，喝牛奶吗？"这样下来，咖啡店的销售额平平。后来，老板要求服务员换一种问法："您好，喝咖啡还是牛奶？"结果其销售额大增。原因在于，第一种问法容易得到否定回答，而第二种是选择式提问，大多数情况下顾客会选择其中的一种。

不管采取哪种提问方式，谈判者都要注意发问的语气，委婉平和，字斟句酌，避免摆出责问或审问的架势。此外，对于要提出的问题，谈判者除了应提前做好准备外，还应慎重选择提问的内容和角度，使提问既有针对性又不会使对方为难。如果对方对所提出的问题面露难色或露出不悦的神情，谈判者要及时变换话题，避免使谈判陷入冷场或僵局。

3. 有准备的提问

在谈判前，谈判者应进行提问设计，列出自己在谈判中需要提出的主要问题，并对提问时机、人选、方式等做出预先筹划；在谈判中，谈判者应根据对方的表现，及时调整提问的内容和方式。

提问的目的是让对方答复，并收到令己方满意的效果。因此，在提问后，谈判者应给予对方足够的答复时间。同时，自己也可以利用这段时间，对对方的答复及下一步的提问进行必要的思考。

（四）答的技巧

在谈判中，有问必有答。提问有技巧，回答也有相应的技巧。谈判者回答问题之前要先弄清楚对方问题的真正含义，然后确定回答的范围和方式，做正面或侧面回答。为了回答得巧妙，谈判者需要掌握以下回答技巧。

1. 认真思考

在回答前，谈判者要对对方提出的每个问题进行认真思考，考虑“他为什么问这个问题”“这对全局利益有什么影响”。需要注意的是，越是在对方催自己作答的情况下，谈判者越要沉着从容、深思熟虑。尤其是碰到对方提出一些旁敲侧击、模棱两可的问题时，谈判者更需要冷静三思，辨其意图，权衡利弊，明智作答，切不可掉以轻心、信口而答，以免上当。

2. 有选择地回答

在谈判中，很多提问都属于“投石问路”，是对方为了解己方谈判立场和态度做出的试探。因此，面对对方提出的众多问题，谈判者不必有问必答，而应该有选择地回答，或只做出部分回答，使对方无法摸清己方的底牌。

3. 含糊应答

当谈判中遇到一些比较棘手的问题，一时难以给出确切地回答，而拒不回答又会影响到谈判气氛时，谈判者可以运用含糊其词的应答方法，即借助一些宽泛模糊的语言进行回答。例如，“你方提出的问题和要求我方是完全理解的，应予适当考虑，不过有的因素是可以忽略的，如货物检验方面，我想只要从全局考虑，就容易达成共识”等。

小贴士

含糊应答并不意味着谈判者给出的答案可以模棱两可。通常情况下，谈判者应尽量避免使用“可能是”“大概如此”“好像”“听说”“似乎”等模棱两可的语言。特殊情况下，这种模糊的语言可以帮助谈判者成功实施某些计策。但如果对方要求己方回答一些关键问题，己方仍然使用这些语言，则很可能导致谈判破裂。

4. 答非所问，以问代答

当对方提出的问题不好回答，或做出回答会带来某些风险与不利影响，而对方又一再催促时，谈判者可以采用“答非所问”的策略。例如，“你提的这个问题我方也认为确实重要，我们的看法是必须切实解决，而这就涉及一个更为关键的问题，就是……”“刚才你提到的问题很值得讨论，之前我方就遇到过这样一件事……不知你们对此有何看法？”等。

此外，谈判者也可以在接过对方的问题后，通过抓住问题的关键，反问对方，实现反客为主，掌握谈判主动权。

5. 委婉拒答

对于一些明显不值得回答或不便回答的问题，如果不回答对方也无法指责的话，谈判者完全可以不予理会。在这种情况下，谈判者可以使用诸如皱眉头等动作向对方发出所提问题无法回答的信息，或者直接用语言表达，如“这类问题，只要你仔细想想，就会找到答案的”“我想现在还不是讨论这个问题的时候”等。

（五）辩的技巧

在谈判中，辩论是不可避免的。谈判双方会围绕一系列问题进行辩论，表达己方观点，驳斥对方观点，谋求双方意见一致，且都希望谈判朝着有利于己方的方向发展。

“辩”最能体现谈判的特征，它具有谈判双方相互依赖、相互对抗的二重性，是语言艺术和思维艺术的综合运用，具有较强的技巧性。

1. 理智争辩，以和为贵

在谈判中，谈判双方会为了各自的利益来回辩论，唇枪舌剑中有可能因为观点的交锋，而造成谈判者的个人冲突，影响谈判结果。因此，谈判者在辩论中应该始终保持理智，坚持以和为贵、就事论事的原则。

口才加油站

中德商业合作谈判

我国有一大型水电站建设工程，要从德国某公司引进成套发电机组设备。由于该笔交易涉及金额达数千万欧元，因而中德双方都在商谈中尽量促使对方做更大的让步，以维持、保护自己的利益。

德方：“我们的谈判已经进行一个星期了，尽管我们之间还有不少地方存在分歧，但我方希望我们之间良好的合作能够促成这笔买卖尽快实现。你们知道，我们很欣赏你们为国家的利益尽职尽责的精神。”

中方：“十分感谢你们公司在过去的谈判期间给予的合作。其实，我方认为我们现在的分歧已经缩小了很多，设备的价格分歧从20%缩小到5%；卖方信贷的年利率分歧从7.5%降到6.5%；设备试验期限的分歧由6个月降到3个月。只要我们真诚合作，相信会达成协议的。你们应该知道，我们发电站的二期工程已进入招标阶段，届时必然还要购买设备。况且，发电产业是国家重点扶持的产业，你们完全可以在与我们的长期合作中获取更多的利益。因而，我们请贵方能在价格上再削减2%。”

德方：“这样吧！我方再一次性地把价格下降1.5%，这是最低价了。”

中方：“那好，我方接受了。”

德方：“太好了，我们可以成交了。”

在这次成功的商业洽谈中，双方都把人和事分开，原则性与灵活性兼顾，在坚持己方立场的同时也尊重对方的立场，力求寻找共同接受的方案，进而使谈判走向成功。

资料来源：新浪博客，有改动

2. 事理交融，逻辑严密

谈判中的辩论，往往是谈判双方在磋商中遇到难解决的问题才发生的。一个优秀的谈判者在谈判前应该做好必要的资料准备，增强己方谈判的力度和效果，然后在谈判中保持头脑清醒、冷静，根据搜集的资料，条理清楚地论证自己的观点，做到表达严密且富有逻辑性。只有这样才能应付各种各样的谈判对手。

3. 态度客观，措辞准确

在谈判中，谈判双方都应该用客观的态度对对方做出公正的评价，站在对方的角度看问题，对可能出现的现实问题进行合理有效的辩论。但是，谈判双方无论在辩论中多么针锋相对，都应该注意保持文明并使用正确的语言，举止端庄，展现诚意，切忌使用鼓动性、煽动性的语言，无理纠缠，用侮辱性语言进行人身攻击。

4. 主次分明，有的放矢

在谈判中，谈判者应具有大家风范，善于运筹帷幄，用具有前瞻性的眼光准确分析和把握辩论的主次问题，然后运用谈判策略，切中对方要害，驳倒对方的观点。

5. 抓住优势，守住底线

在谈判中，如果己方处于优势状态，谈判者应该打起精神，抓住优势，自信地表达己方观点，维护己方立场；如果己方处于劣势状态，谈判者则要记住这只是暂时的，沉着冷静，守住底线，从容不迫地应对对方的言论，切忌一而再再而三地让步。

（六）说服的技巧

在谈判中，谈判者说服对方时要注意以下几点技巧。

1. 取得对方信任

信任是人际沟通的基石，取得对方的信任是说服对方的前提条件。当一个人考虑是否接受他人意见时，总会先衡量一下自己与说服者之间的熟悉程度和友好程度。因此，谈判者应该积极与对方建立良好的人际关系，取得对方信任，从而化解对方的心理警戒，在谈判中掌握主动权。

扫一扫

谈判时获取信任的方法

2. 激发对方认同

在说服对方时，谈判者不要只谈己方的理由，而应研究对方的心理和需求，寻找对方更容易接受的谈话切入点，强调双方立场一致的方面，淡化与对方观点和愿望的差异，步步深入，引导对方慢慢接纳己方的意见。

3．先言利，后言弊

谈判者在进行说服时，要注意先谈好的信息、好的情况，再谈坏的信息、坏的情况，并进行得失比较，以利大于弊的结论说服对方。但是，这并不意味着报喜不报忧，只有把问题的好坏两面都和盘托出，才能使人信服。

4．运用具体事例说服

人们做事、处理问题都会受个人的经历和经验的影响。因此，在谈判中，优秀的谈判者都应该清楚地知道，历史经验和个别具体化的事例比概括的论证更有说服力，在说服时旁征博引，使用具体的例子，更能取得良好的谈判效果。

口才训练营

一、训练目标

通过不同情境的模拟谈判训练，让学生树立正确的谈判心态，能主动用谈判解决问题，巧妙灵活地维护自己的利益。

二、训练内容

情景一：与家人谈判。假如你想买一件东西（如手机等）或参加一次活动（如单独旅行等），但家人并不同意。

情景二：与同学谈判。假如班里重新安排座位，你想要的座位被另一名同学提前抢占。

情境三：与老师谈判。假如在学期末，你发现自己有一门功课的考勤数不够，该老师很严厉，他（她）很可能让你这门功课的期末成绩不及格，你要向老师解释自己缺勤的原因并说服这位老师酌情处理。

三、训练评价

（1）根据实际情况展开谈判，有理有据。

（2）灵活运用所学谈判技巧，不可生搬硬套。

口才知识窗

谈判能力测验

以下是不同情况下的谈判能力测验（见表 5-1），每个案例均给出了几种常见选项及相应的分析。通过选择“谈判决策”，看看自己属于哪种谈判者。

表 5-1　谈判能力测验

情景	案例描述	选项	谈判决策	决策分析
挑战或顺从导演	你是出道不久的新演员，导演以 50 万元的片酬请你出演一个角色（行情为 300 万元）。你会……	A	争取演出机会，片酬并不重要	软弱的谈判者，欠缺勇气与胆识
		B	既然找我，一定是因为我有优势，将片酬提高到 200 万元，待价而沽	胆识过人，但未衡量局势
		C	从 50 万开始，多争取一万算一万	现实的谈判者，略具勇气
		D	先提出 200 万的价格，再慢慢降价	胆识过人且能兼顾局势
降价的五种让步方法	你准备向客户降价 2 000 元。你会……	A	一次性降价（2 000→0→0→0）	开始就降很多，筹码尽失
		B	开始不降，直到客户准备放弃时再降（0→0→0→2 000）	坚持到最后才降价，守口如瓶胆识足
		C	客户要求一次降一次，每次数量一样（500→500→500→500）	要求一次降一次，表现软弱
		D	降价幅度逐渐提高（100→300→600→1 000）	愈降愈多，有失坚定立场
		E	降价幅度逐渐减小（1 000→600→300→100）	愈降愈少，减少顾客期待
被催促签约	登机前 60 分钟，重要客户在机场催促你签合约。你会……	A	很高兴，赶快签正式合约	过于冲动，容易掉入对方的陷阱
		B	先签承诺书，重要的价格问题等回来再签	能够掌控主动权，先承诺就先抓住了机会，而且不会伤及对方的感情
		C	拒绝签任何合约，一切等回来再商议	容易破坏关系，丧失机会
经销商倚老卖老	买方是与本公司合作 7 年的老经销商，希望可以在本次业务进行全国调升 10% 的价格中获得例外。你将采取的对策是……	A	告诉对方，不论经销资历如何，一律平等调涨	坚持不变，充分体现了自己的勇气和原则
		B	告诉对方，假如增加 3 成采购量，可以考虑特别处理	以量来换取价格，值得肯定，但是必须获得公司的授权
		C	告诉对方，会将他的意见转达给领导，然后再做决策	相当于把问题带回公司，没有替公司解决任何问题
谈判对手故意忽视你	客户嘲笑你未能获得授权而拒绝与你继续谈判。你会……	A	当面表示你也不知道公司为什么不进行完全的授权，并表现你的无奈	直接在客户面前抱怨将有损公司形象，你无奈的举动会使公司丢尽颜面
		B	告知对方你会将意见转达给领导，然后告辞	这种方式没有达到解决问题的目的
		C	请客户在你的权限范围内先行协商	先在自己的职权范围内解决问题，有理有据，行为得体

（续表）

情景	案例描述	选项	谈判决策	决策分析
客户坚持主帅出面谈判	客户坚持只有公司的总经理出面，才愿意继续与你们谈判。你会……	A	向总经理报告，请总经理支持你的谈判	如果时间紧迫，这种方法显然不合适
		B	询问客户副总经理出面是否可以	找人替代不是恰当的方式
		C	安抚客户并告诉对方，谈判进行到决策阶段时，若有需要，我方会请总经理出面，并以对方可以接受的方式洽谈。目前你可以全权代表公司与客户商议的交易条件，请对方继续沟通	让客户把你当作对手，有勇有谋
面对强势客户造成僵局	客户坚持，你不降价，他就不进行采购。你会……	A	换人谈判	换人谈判可以在陷入困境时转换思路
		B	换时间或地点谈判	时间拉长，会让对方知难而退；换地点容易转换对方心情

视野纵横

中国积极推动 RCEP 谈判

2020 年 11 月 15 日，第四次区域全面经济伙伴关系协定领导人会议以视频形式举行，东盟十国（东盟即东南亚国家联盟，成员国包括马来西亚、印度尼西亚、泰国、菲律宾、新加坡、文莱、越南、老挝、缅甸和柬埔寨），以及中国、日本、韩国、澳大利亚、新西兰 15 个国家，正式签署区域全面经济伙伴关系协定（Regional Com-prehensive Economic Partnership, RCEP）。

RCEP 谈判是东亚地区参与成员最多、规模最大的贸易协定谈判。2012 年 11 月，东盟十国及中国、日本、印度、韩国、澳大利亚、新西兰 16 个国家领导人共同发表《启动 RCEP 谈判的联合声明》，提出了在 2015 年年底达成协议的目标，谈判自此正式启动。

改革开放以来，特别是加入世贸组织以来的快速成长，中国的经济总量、企业竞争力、经济管理水平都显著提升，参与全球竞争的能力明显增强，对外部市场拓展的需求也更加紧迫。在 RCEP 成员国中，中国经济体量最大，有能力也有责任在谈判中发挥重要作用。

因此，自 2012 年以来，中国积极主动加快推动谈判进程。针对谈判中的分歧与难点问题，中国也积极与各成员国加强沟通，以更加灵活和弹性的原则，求同存异，用创造性的思维方式，共同寻求智慧的解决方案。更重要的是，中国凝聚国内共识，以更加开放的立场、更加自信的心态去参与和推动 RCEP 谈判。

中国在综合考量总体利益与局部利益得失的前提下，将 RCEP 谈判作为契机，主动推动新一轮高水平对外开放，在货物、服务、投资等领域努力提高国内自由化水平，在规则标准领域加快与国际接轨，以此在谈判中发挥积极主动作用，以实际行动推动谈判的加速进行。

资料来源：人民日报，有改动

探索提高

一、填空题

1．求职交谈是求职者在谋求职业时，通过言语表达使用人单位了解自己的资历和____________，并争取被录用的一种诉求行为。

2．良好的求职交谈语言要求求职者重视说话方式，如口齿清晰、____________、通俗朴实、____________、积极热情、谈吐得体等。

3．____________是推销员取信于顾客的基本前提。

4．推销中最常用的诱导顾客的语言技巧有层层诱导和____________两种。

5．谈判是人们为了协调彼此之间的关系，满足各自的需要，通过协商而争取达到____________的行为和过程。

二、不定项选择题

1．简历要突出的要点不包括（　　）。

A．内容简明扼要

B．突出个人经历

C．突出与招聘要求有关的个人能力

D．罗列自己的丰富经历

2．下列关于求职交谈语言的说法中，表述正确的有（　　）。

A．不可过多使用专业术语

B．不要在中文表述中夹杂外语词汇

C．尽量朴实无华

D．追求语言上的新奇华丽

3．推销语言除了具有一般的语言特点之外，还具有（　　）。

A．专业性　　B．夸张性

C．大众性　　D．真实性

4．在谈判中，听要（　　）。

A．专心致志、集中精力地听　　B．耐心地听

C．有鉴别地听　　D．进行必要的记录

5．在推销东西时，推销员对产品描述应（　　）。

A．真实　　B．夸张

C．专业　　D．渲染

6．谈判语言的（　　）是指谈判者在谈判过程中对语言的运用要概念明确、逻辑合理、依据确切、说服有力。

A．针对性　　B．规范性

C．逻辑性　　D．客观性

7．在谈判中，恰当的提问时机包括（　　）。

A．在对方发言完提问　　B．在对方发言停顿、间歇时提问

C．在己方发言前提问　　D．打断对方发言后提问

8．在谈判中，（　　）不是辩的技巧。

A．理智争辩，以和为贵　　B．事理交融，逻辑严密

C．态度客观，用词谨慎　　D．抓住优势，守住底线

三、简答题

1．求职交谈的语言要求有哪些？

2．什么是推销？推销语言有什么特点？

3．求职前的充分准备包括哪些内容？

4．谈判的语言技巧有哪些？分别有什么要求？

四、案例分析题

在西屋电气公司做业务员的小艾，最近做成了一桩许多人都没有做成功的买卖。小艾负责辖区里的一位厂长是公司一直很想合作的对象，但小艾的前任代表与他接触了一年多都未能与该厂达成合作。等到小艾接管辖区后，经过不断地打电话、上门拜访，该厂长终于同意订购一些发动机。

小艾心想："既然有了开始，就不难再继续下去。"3 个星期后，他情绪高昂地再次拜访了这位厂长，但令他没想到的是，在说明来意后，他遭到了厂长的质疑与拒绝。一经了解，原来厂长认为上次从小艾那里购买的发动机发热超过了正常标准。

小艾对自己公司的产品非常有信心，但他认为此时进行争论是没有用的。于是，他说

道："我和您的意见是相同的，如果那些发动机温度过高，别说再买，就是买了也要退货的，是吗？"

"是的。"厂长果然做出了意料中的反应。

"发动机的温度一般可以高出室温72℃，是吗？"小艾问道。

"是的，"厂长表示同意，"但是你们的产品还是太热了。"

"你们车间的温度是多少呢？"小艾没有与他争辩，继续问道。

"大概是22℃。"厂长略加思索后答道。

"是这样吗？那就对了，车间温度22℃，加上可高的72℃，一共是94℃左右。假如您把手放在94℃的水里，是不是会把手烫伤呢？"

厂长虽然不情愿，但也只能表示赞同。

小艾接着说："那么，以后你们就不要用手摸发动机了。您可以放心，那个温度是正常的。"

整个过程并没有争辩，但小艾不仅说服了对方，消除了对方的顾虑与偏见，而且又做成了一笔生意。

问题：小艾运用了什么技巧来说服自己的谈判对手？在使用上述技巧说服时，应该注意什么问题？

实战演练——职场演练大作战情景模拟

品质国货走出去，引领时尚新风气

【任务背景】

近年来，我国国货崛起，市场上涌现了一股"新国货"浪潮，越来越多的年轻人愿意为中国文化、中国品牌买单。这一股浪潮反映出新一代消费群体的审美迭代、国货品质与技术的迭代，以及以互联网营销为代表的营销方式的迭代。同时，市场上的文化创意公司如雨后春笋般竞相绽放，从低价山寨到优质创新，它们提出了各自的品牌主张，走出了各自的品牌路线。

【任务目标】

通过职场演练大作战（模拟面试、推销、谈判），学生不仅要掌握求职交谈、推销、谈判的基础知识，熟练运用求职交谈、推销、谈判的相关技巧，提高自己的职场适应力；还应正确认识我国国货品牌，增强文化自信和文化创新，提升国货品牌认同度。

【任务实施】

组织形式	小组和个人混合任务
任务准备	（1）推选主持人。全班学生推选一名活动能力强、具有一定主持经验的同学担任职场演练大作战的主持人。 （2）拟定职场背景。例如，××公司为一家秉承“文化创造，传播文明”的文创艺术公司，以区域文化特色、传统技艺为根基，开发符合当下的文创作品，并通过订制创新旅游纪念品、文化艺术衍生品等塑造品牌形象。为拓展市场，增加品牌影响力，延揽更多优秀人才，为企业注入新的活力，公司拟招聘文化创意产品经理、文化创意项目对接专员等若干职位。 （3）确定活动流程。整个活动分为招聘面试、头脑风暴、推销谈判三个环节。 （4）确定活动分工。 ➢ 招聘组：全班学生推选 2～4 名综合能力强的同学作为招聘者（准备公司资料，制作招聘海报，布置面试“考场”，等等）。 ➢ 求职组：剩余同学作为求职者（准备个人简历，并对文创公司及产品发展现状进行深入了解）。 ➢ 职员组：面试成功的同学与招聘组同学合并为职员组，根据总人数分成若干小组，每组 2～4 人，并推选一名组长（组长制订需要讨论的文化创意主题，各成员参与头脑风暴，一起布置推销谈判现场，等等）。 ➢ 客户组：面试未成功的同学自动分到客户组，根据总人数分为若干小组，每组 1～3 人，分别代表不同的客户（制订自己的产品需求，与××公司达成合作）。 （5）邀请评委和点评教师。活动开始前，学生邀请辅导员、其他任课教师 2～4 名担任评委和点评教师
实施流程	（1）主持人致辞。 （2）明确活动规则。在各个活动环节，灵活运用求职交谈、推销、谈判等相关技巧。 （3）开展活动。 ➢ 第一环节：招聘面试——“入职交响乐”。 ① 学生轮流进入“考场”面试。 ② 招聘者要求职者用 1 分钟时间做一个自我介绍。 ③ 招聘者针对求职者的简历进行提问及追问。 ④ 求职者主动提出问题，招聘者进行解答。 ⑤ 每个求职者面试时间控制在 5 分钟左右。 ⑥ 招聘者根据求职者各方面的表现，客观评分，最后进行综合评价。 ⑦ 发布入职通知，安排工作内容。 ➢ 第二环节：头脑风暴——“创意大碰撞”。 ① 组长制订需要讨论的文化创意主题。例如，随着以《觉醒年代》《长津湖》等为代表的影视作品走红，公司如何将这些红色文化延伸至文创产品中。 ② 各成员根据文化创意主题，畅所欲言，积极提出文创产品在品牌理念、产品策略和营销策略方面的新思路。

（续表）

实施流程	③ 各组派代表汇报文化创意结果。 ➢ 第三环节：推销谈判——“职场晋级曲”。 ① 各组根据自己的文化创意，向选定的客户进行推销，达成初步合作。 ② 根据客户要求，修改小组文化创意。 ③ 各组推选出 1～3 名谈判代表，与客户进行谈判，并说服对方接受自己的文化创意（减少多次修改）。此外，谈判过程中，尽量提高价格，为公司争取更多的利润。 （4）评委点评。 （5）撰写“职场演练大作战”活动体验报告

探索学习评价

指导教师根据学生的探索学习情况对其进行评价，学生配合指导老师共同完成如表 5-2 所示的探索学习评价表。

表 5-2　探索学习评价表

<table>
<tr><td>班级</td><td colspan="2"></td><td>组号</td><td></td><td colspan="2">日期</td><td></td></tr>
<tr><td>姓名</td><td colspan="2"></td><td>学号</td><td></td><td colspan="2">指导教师</td><td></td></tr>
<tr><td>项目名称</td><td colspan="7">精通说话之道，成就精彩人生——职场口才发挥</td></tr>
<tr><td rowspan="2">评价维度</td><td rowspan="2">一级指标</td><td rowspan="2">二级指标</td><td rowspan="2" colspan="2">评价标准</td><td rowspan="2">分值</td><td colspan="2">评分</td></tr>
<tr><td>自评</td><td>师评</td></tr>
<tr><td rowspan="2">知识
20%</td><td rowspan="2" colspan="2">重难点知识</td><td colspan="2">对求职交谈、推销、谈判有较为深入的了解</td><td>8</td><td></td><td></td></tr>
<tr><td colspan="2">熟练掌握求职交谈、推销、谈判的相关技巧</td><td>12</td><td></td><td></td></tr>
<tr><td rowspan="5">能力
30%</td><td rowspan="2">自主学习能力</td><td>梳理能力</td><td colspan="2">梳理生活中常用的推销和谈判技巧</td><td>6</td><td></td><td></td></tr>
<tr><td>领悟能力</td><td colspan="2">感受求职交谈的语言技巧，并在面试中随机应变，运用各种语言表达达到自己的目的</td><td>6</td><td></td><td></td></tr>
<tr><td colspan="2">信息检索能力</td><td colspan="2">能够灵活利用各种渠道搜集相关资料</td><td>6</td><td></td><td></td></tr>
<tr><td rowspan="2" colspan="2">实践创新能力</td><td colspan="2">能够独立分析问题并提出解决问题的新方法</td><td>6</td><td></td><td></td></tr>
<tr><td colspan="2">能够找到创新的思路和方向，确保创新活动沿着正确的方向前进</td><td>6</td><td></td><td></td></tr>
</table>

（续表）

<table>
<tr><th rowspan="2">评价维度</th><th rowspan="2">一级指标</th><th rowspan="2">二级指标</th><th rowspan="2">评价标准</th><th rowspan="2">分值</th><th colspan="2">评分</th></tr>
<tr><th>自评</th><th>师评</th></tr>
<tr><td rowspan="5">素质
20%</td><td rowspan="3">课堂表现</td><td>纪律意识</td><td>遵守课堂纪律，认真完成课堂与课后作业</td><td>4</td><td></td><td></td></tr>
<tr><td>互动意识</td><td>积极发言，完成课堂互动</td><td>4</td><td></td><td></td></tr>
<tr><td>改进意识</td><td>勤于思考，善于总结</td><td>4</td><td></td><td></td></tr>
<tr><td rowspan="2">实践活动</td><td>仪容仪表</td><td>大方得体，把握分寸</td><td>4</td><td></td><td></td></tr>
<tr><td>团队精神</td><td>尊师爱友，积极合作，团结奋进</td><td>4</td><td></td><td></td></tr>
<tr><td rowspan="5">活动
30%</td><td colspan="2">招聘海报</td><td>画面简洁有力，色彩丰富，文字信息完整简练，风格统一</td><td>6</td><td></td><td></td></tr>
<tr><td colspan="2">个人简历</td><td>真实全面，语言简练，重点突出，版面美观</td><td>6</td><td></td><td></td></tr>
<tr><td colspan="2">文化创意</td><td>具有独特的见解，体现时代特征</td><td>6</td><td></td><td></td></tr>
<tr><td colspan="2">活动体验报告</td><td>逻辑清晰，言之有物</td><td>6</td><td></td><td></td></tr>
<tr><td colspan="2">活动组织</td><td>任务分配合理，活动安排有序</td><td>6</td><td></td><td></td></tr>
<tr><td colspan="4">合计</td><td>100</td><td></td><td></td></tr>
<tr><td>总评</td><td colspan="6">互评（30%）+师评（70%）=</td></tr>
<tr><td>教师评语</td><td colspan="3"></td><td colspan="3">教师（签名）：</td></tr>
</table>

探索学习笔记

探索学习要点与难点

已解决的问题及解决方法

待（未）解决的问题

探索学习体会与收获

参考文献

[1] 蒋红梅，张晶，罗纯．演讲与口才实用教程［M］．北京：人民邮电出版社，2020．
[2] 刘小方．实用口才：理论、实务与训练［M］．北京：中国人民大学出版社，2021．
[3] 江彩，莫秀虹，程逊．演讲与口才［M］．北京：人民邮电出版社，2019．
[4] 高薇．演讲与口才［M］．北京：电子工业出版社，2018．
[5] 刘晓燕．大学生演讲与口才［M］．北京：清华大学出版社，2021．
[6] 王光华．口才沟通与演讲实用教程［M］．北京：中国人民大学出版社，2017．